◎主 编 黄玉峰
◎副主编 田澍兴
◎编 著 卜延中

新编中华文化基础教材

第十一册

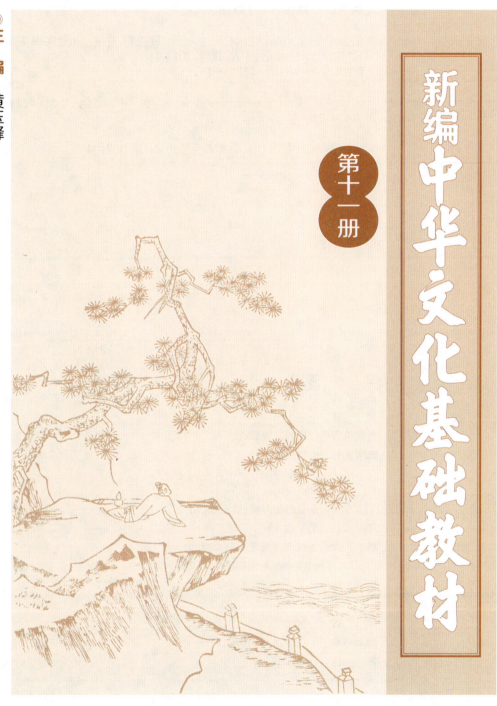

中华书局

**图书在版编目(CIP)数据**

新编中华文化基础教材.第十一册/黄玉峰主编;田澍兴副主编;
卜延中编著. —北京:中华书局,2017.4
ISBN 978-7-101-11755-4

Ⅰ.新… Ⅱ.①黄…②田…③卜… Ⅲ.中华文化-小学-教材
Ⅳ.G624.201

中国版本图书馆 CIP 数据核字(2016)第 087104 号

| | | |
|---|---|---|
| 书 名 | 新编中华文化基础教材　第十一册 | |
| 主 编 | 黄玉峰 | |
| 副 主 编 | 田澍兴 | |
| 编 著 | 卜延中 | |
| 责任编辑 | 祝安顺　熊瑞敏 | |
| 出版发行 | 中华书局 | |
| | (北京市丰台区太平桥西里 38 号　100073) | |
| | http://www.zhbc.com.cn | |
| | E-mail:zhbc@zhbc.com.cn | |
| 印 刷 | 北京瑞古冠中印刷厂 | |
| 版 次 | 2017 年 4 月北京第 1 版 | |
| | 2017 年 4 月北京第 1 次印刷 | |
| 规 格 | 开本/880×1230 毫米　1/16 | |
| | 印张 7¼　字数 100 千字 | |
| 印 数 | 1-5000 册 | |
| 国际书号 | ISBN 978-7-101-11755-4 | |
| 定 价 | 18.00 元 | |

# 编写说明

　　一、《新编中华文化基础教材》是响应中共中央办公厅、国务院办公厅《关于实施中华优秀传统文化传承发展工程的意见》及教育部《完善中华优秀传统文化教育指导纲要》指导精神组织编写的中华优秀传统文化教材，一至九年级十八册，高中学段六册，共二十四册。

　　二、本教材以"立德树人"为教学宗旨，以分学段有序推进中华优秀传统文化教育为目标，注重培育和提高学生对中华优秀传统文化的亲切感和感受力，增强学生对中华优秀传统文化的理解力和理性认识，坚定文化自信。

　　三、本册教材供六年级上学期使用，内容以中国古典文学作品为主。传统文化是一种具有生命力的生活方式、思维模式和审美范式，而古典文学则是通向传统文化的重要途径。在编写过程中，我们遵循以下三个原则：

　　1.兼容并包的原则。教材广泛选择各种思想流派和各种体裁的文学作品，体现中华文化多元一体、和而不同的文化品格。

　　2.择善而从的原则。教材的选篇均为古典文学的经典篇目，是优秀传统文化中的精粹。

　　3.注重审美的原则。教材选择以古典文学作为通向传统文化的途径，希望学生在古典文学的审美体验和熏陶中习得并认同传统文化。

四、本册教材包含五个单元，每单元分为四个部分：

1.单元导读。此部分对单元主题作简要介绍和概览，使学习者明确单元学习内容；设置情境，引发疑问与兴趣，为学习作准备。

2.选文部分。此部分为单元学习的重心，包括原文与注释两部分。原文以权威版本为底本，注释方面遵循以通解为主、局部释义的原则，帮助学生理解。

3.文史知识。此部分聚焦本单元涉及的文史知识，展开较为详尽的介绍、阐发与拓展，让学生更系统地感知文史传统。

4.思考与练习。此部分为教材的练习系统，辅助学习者在单元学习过程中及学习完成后，对自己的学习情况进行检验，并明确进一步学习的任务。

五、本教材之编辑力求严谨，编写过程中广泛征求各界意见，期能以较完备之面貌呈现；然疏漏之处在所难免，敬祈学界先进不吝指教。

编者

2017年2月

# 目录

# 第二单元　百家争鸣的盛况——诸子散文（上）

## 第三单元　百家争鸣的盛况——诸子散文（下）

## 第四单元　孤独而伟大的诗人——屈原

## 第五单元　究天人之际——司马迁和《史记》

# 第一单元
# 来自上古先民的歌声
## ——《诗经》

单元导读

中国是诗的国度，你知道中国最早的诗歌总集是什么吗？

为什么孔子认为"不学《诗》，无以言"呢？

让我们一起走近《诗经》，撩开她那迷人的面纱——

《诗经》是中国第一部诗歌总集。它汇集了从西周初年到春秋中期五百多年间的诗歌三百零五篇，另有六篇只有标题而无诗文的笙诗。《诗经》在先秦叫做《诗》，或者取诗的数目整数叫《诗三百》。先秦时期，《诗》已经与《易》《书》《礼》《乐》《春秋》并称"六经"。

《诗经》所反映的社会生活内容十分丰富，包括祭祀诗、农事诗、战争诗、婚恋诗等，其信息量之大，文献价值之高，令人惊叹。

《诗经》的艺术特点和成就主要体现在三个方面：

其一，赋、比、兴的广泛运用。赋是一种铺陈叙事的表达手法，例如《卫风·氓》主要记叙了女主人公与男子相恋、结婚及被抛弃的经历，就属于赋法。比，即比喻或比拟。《诗经》中用比的句子很多，包括明喻、暗喻、借喻、博喻等多种形式，还有像《硕鼠》那种全篇用比的比体诗。兴，就是托物起兴，先用他物起头，进而引出诗人所要表达的对象。兴一般用在诗章开头，多有营造意境、烘托气氛或象征作用，如"桃之夭夭，灼灼其华"。这三种手法在《诗经》中常综合使用。

其二，重章叠句的章法形式。所谓重章叠句，是指一首诗中，各章的词句基本相同，只是更换中间的几个字，反复吟唱，如《芣苢》篇就是典型的重章叠句。这种章法句式的形成与早期诗乐合一的艺术形态有关。《诗经》中的诗在当时都是可以入乐歌唱的，而这种章法形式正是其音乐性和节奏感的体现。

其三，丰富生动的诗歌语言。《诗经》以四言居多，庄重典雅。这可能与配合的音乐类型有关，节奏较慢。《诗经》还是汉语词汇的宝库，其中与动植物相关的名词就有近四百种，难怪孔子说读《诗》能"多识于鸟兽草木之名"。

《诗经》形成年代久远，相传还经孔子编修，因此具有原典意义。它在诗歌创作方面开创了密切关注现实、国家命运和民生疾苦的现实主义传统，后代的汉乐府民歌作家、建安诗人、陈子昂、杜甫、新乐府诗人的创作，都是对于《诗经》现实主义精神传统的继承。《诗经》中最具文学性的作品绝大部分是民歌，朴素清新，生动活泼，为后世文人学习民间文学开辟了广阔的道路。

〔五代〕黄筌 《珍禽图》

# 选文部分

## 关　雎

　　一个青年思慕着一位美丽贤淑的少女，日夜不能忘怀，他渴望终有一天，能够与自己心仪的女子在一起，过上和谐美满的幸福生活。

关关雎鸠①，在河之洲。窈窕淑女②，君子好逑③。
参差荇菜④，左右流⑤之。窈窕淑女，寤寐⑥求之。
求之不得，寤寐思服⑦。悠哉悠哉⑧，辗转反侧⑨。
参差荇菜，左右采之。窈窕淑女，琴瑟友之。
参差荇菜，左右芼⑩之。窈窕淑女，钟鼓乐之⑪。

## 桃　夭

　　一首简单朴实的歌，表达了对出嫁女子婚姻生活的祝福，用桃花的灿烂来映衬烘托新娘的美丽，用桃树的枝叶茂盛、果实累累来比喻婚姻生活的幸福美满。

---

①关关：拟声词，水鸟鸣叫声。雎鸠（jū jiū）：一种水鸟。整句意思就是，雌雄两只水鸟在关关地鸣叫。　②窈窕（yǎo tiǎo）：形容女子美丽的样子，这是一个叠韵（即韵母相同）的连绵词，要完整地放在一起解释。淑女：贤良美好的女子。　③好逑（qiú）：好的配偶。逑，匹配的意思。④参差（cēn cī）：长短不齐的样子。荇（xìng）菜：一种可以食用的水生植物。　⑤流：顺着水流去采摘。　⑥寤寐（wù mèi）：寤，醒来；寐，睡着。　⑦思服：即思念。思和服都有思念的意思，这样的词叫做同义复词。　⑧悠哉：表示思念很深不能自已的状态。　⑨辗（zhǎn）转反侧：翻来覆去不能入睡。　⑩芼（mào）：选取。　⑪钟鼓乐之：用钟鼓奏乐来使她快乐。乐，使……快乐，这是一种特殊的动宾关系使动用法。

桃之夭夭①，灼灼其华②。之子于归③，宜④其室家。

桃之夭夭，有蕡⑤其实。之子于归，宜其家室。

桃之夭夭，其叶蓁蓁⑥。之子于归，宜其家人。

## 芣 苢

这是古代妇女在采集芣苢时唱的歌。它细腻地描述了妇女们采集车前子由少到多的过程，充分体现了原生态诗歌重章叠句的特点。

采采芣苢⑦，薄言⑧采之。采采芣苢，薄言有⑨之。

采采芣苢，薄言掇⑩之。采采芣苢，薄言捋⑪之。

采采芣苢，薄言袺⑫之。采采芣苢，薄言襭⑬之。

## 式 微⑭

这是一首带着些怨恨的歌谣。那些在艰苦的环境下劳作的人，不禁想到自己这起早贪黑的生活，都是拜那些寄生的统治者所赐。不过，"式微"由于与"胡不归"连用，在后世被那些厌倦官宦生涯的人用作了归隐的代名词。

式微式微，胡不归⑮？微君之故，胡为乎中露⑯！

---

①夭夭：（花）茂盛的样子。　②灼灼：桃花盛开时鲜艳亮丽的样子。华：同"花"。　③之子：这位姑娘。于归：姑娘出嫁。古代把丈夫家看作女子的归宿，故称"归"。　④宜：和顺、亲善。　⑤蕡（fén）：果实繁盛的样子。此处指桃子硕大的样子。　⑥蓁蓁（zhēn）：草木繁密的样子，这里形容桃叶茂盛。　⑦采采：采了又采，是动词的叠用。芣苢（fú yǐ）：植物名，即车前子，种子和全草入药。　⑧薄言：发语词，无义。　⑨有：采到。　⑩掇（duō）：拾取。　⑪捋（luō）：轻轻摘取。　⑫袺（jié）：用手捏住衣襟（兜东西）。　⑬襭（xié）：翻转衣襟插于腰带以兜东西；和袺的意思基本一致，仅有细微的差异，这是《国风》当中一唱三叹特点的具体体现。　⑭式微：天就要黑了。式，发语词，无实际含义。微，天色昏暗。　⑮这句诗的意思是：天就要黑了，为什么你还不回来呢？胡，疑问代词，为什么。　⑯这句诗的意思是：要不是你的缘故，为什么我会在露水中呢（暗指很早就开始劳作，以至于露水打湿了身体）？胡为（wèi），即"为胡"，为什么。乎，语气词。

式微式微，胡不归？微君之躬，胡为乎泥中①！

## 静 女

这是一首描写青年男女约会的诗歌。诗中男主人公诚实憨厚，女主人公机灵俏皮。整首诗有如戏剧的一个片段，生动有趣而又情意绵绵。

静女其姝②，俟我于城隅③。爱而不见④，搔首踟蹰⑤。

静女其娈⑥，贻我彤管⑦。彤管有炜⑧，说怿女美⑨。

自牧归荑⑩，洵美且异⑪。匪女之为美，美人之贻⑫。

## 相 鼠

这是一首讽刺诗，痛斥那些不守礼法、寡廉鲜耻的人。全篇感情激烈，语言辛辣，既一气贯注，又回环往复，增强了讽刺的力量。

①这句诗的意思是：要不是你这个人，为什么我会在泥水中呢（暗指辛苦劳作）？躬（gōng），身体。　②静女：美丽的姑娘。静，通"靖"，好。姝（shū）：美丽。　③俟（sì）：等候。城隅（yú）：城上的角楼。　④爱：通"薆（ài）"，隐藏。见（xiàn）：通"现"，出现。整句意思是躲起来不出现。　⑤踟蹰（chí chú）：双声（即声母相同）连绵词，犹豫不决的样子。这两句话的意思是：约好见面，到达约会地点后对方却躲起来不出现，使男主人公挠着头不知道该走还是该留。　⑥娈（luán）：美好的样子。　⑦贻（yí）：赠送。彤（tóng）管：红色的管箫。管，管箫，一说是带有红色色泽的茅草根部。　⑧炜（wěi）：鲜明有光的样子。　⑨说怿（yuè yì）：喜爱。说，通"悦"，和"怿"一样，都是喜爱的意思。女（rǔ）：通"汝"。　⑩牧：野外放牧的地方。归荑（kuì tí）：赠送荑草。归，通"馈"，赠送。荑，初生的茅草。古时有赠白茅草以示爱恋的风俗。　⑪洵（xún）：的确，确实。异：与众不同。　⑫匪（fēi）女（rǔ）：不是你（荑草）。匪，通"非"。最后两句的意思是：其实并非荑草你本身美丽，而是因为是美人所赠送的缘故啊。

相①鼠有皮，人而无仪②。人而无仪，不死何为③！

相鼠有齿，人而无止④。人而无止，不死何俟⑤！

相鼠有体⑥，人而无礼⑦。人而无礼，胡不遄死⑧！

## 氓

这是一首弃妇自述婚姻悲剧的诗歌。诗中的女主人公以无比沉痛的口吻，叙述了当初恋爱生活的甜蜜以及婚后遭到丈夫虐待和遗弃的痛苦。通篇叙述生动，次第分明，带有一定的抒情色彩，是一篇颇为成功的叙事诗。

氓之蚩蚩⑨，抱布贸丝。匪来贸丝，来即我谋⑩。送子涉淇，至于顿丘。匪我愆⑪期，子无良媒。将⑫子无怒，秋以为期⑬。

乘彼垝垣⑭，以望复关⑮。不见复关，泣涕⑯涟涟。既见复关，载笑载言⑰。尔卜尔筮⑱，体无咎言⑲。以尔车来，以我贿迁⑳。

桑之未落，其叶沃若㉑。于嗟㉒鸠兮，无食桑葚！于嗟女兮，无与士耽㉓！士之耽兮，犹可说㉔也；女之耽兮，不可说也㉕。

新编中华文化基础教材·第十一册

6

①相（xiàng）：动词，看。　②仪：威仪，指人具有尊严的行为外表。　③何为：为何，为什么。　④止：容止，言行举止。　⑤俟：等。　⑥体：肢体。　⑦礼：礼仪，指知礼仪，或指有教养。　⑧胡：怎么。遄（chuán）：速，快，赶快。　⑨氓（méng）：农民。蚩蚩（chī）：笑嘻嘻的样子。　⑩即：靠近。谋：商量（婚事）。　⑪愆（qiān）：过，误。　⑫将（qiāng）：请。　⑬秋以为期：即"以秋为期"，约定在秋天结婚。　⑭垝垣（guǐ yuán）：破颓的墙。　⑮复关：地名，有多种说法，但诗中显然指的是男子所在之处。　⑯泣涕：哭泣。涕，眼泪。　⑰载……载……：即又……又……。　⑱卜：用龟甲卜吉凶。筮（shì）：用蓍草占吉凶。　⑲体：即占卜的结果。咎言：不吉之言。　⑳贿：财物，这里指女子的嫁妆。迁：搬走。　㉑沃若：润泽的样子。　㉒于（xū）嗟：感叹词。　㉓耽（dān）：沉湎于爱情。　㉔说：通"脱"，解脱，摆脱。　㉕这几句话的意思是：男子沉湎于爱情只是暂时的，他可以摆脱；但女子不同，她一旦沉浸其中，就很难摆脱。

桑之落矣，其黄而陨①。自我徂尔②，三岁食贫。淇水汤汤③，渐车帷裳④。女也不爽⑤，士贰⑥其行。士也罔极⑦，二三其德⑧。

三岁为妇，靡室劳矣⑨；夙兴夜寐⑩，靡有朝矣⑪。言既遂矣⑫，至于暴⑬矣。兄弟不知，咥⑭其笑矣。静言思之，躬自悼矣⑮。

及尔偕老，老使我怨。淇⑯则有岸，隰则有泮⑰。总角之宴，言笑晏晏⑱。信誓旦旦，不思其反⑲。反是不思⑳，亦已焉哉㉑。

## 木　瓜

来而不往非礼也，一般交往是如此，男女交往更是如此。男女交往中的"投桃报李"，不止是一般的礼节，而是一种礼仪。礼物本身的价值已不重要，象征意义更加突出，以示两心相许，两情相悦。

投我以木瓜㉒，报之以琼琚㉓。匪报也，永以为好也㉔。

①陨：坠落。　②自我徂（cú）尔：自从我到你家中来。徂，到，往。　③汤汤（shāng）：水势很大的样子。　④渐（jiān）：沾湿。帷裳：车两边起遮挡作用的布。　⑤爽：差错。　⑥贰：有二心。　⑦罔极：没有准则，行为不端。　⑧二三其德：三心二意。　⑨两句意为：三年为君妇，而君无室劳。靡，没有。室劳，即家务。　⑩夙：早上。兴：起床。寐：睡觉。　⑪靡有朝（zhāo）矣：没有一天不是这样。　⑫既：已经。遂：生活安定。　⑬暴：暴虐。　⑭咥（xì）：大笑的样子。　⑮躬：自己，自身。悼：伤心。　⑯淇：即淇水。　⑰隰（xí）：低湿的地方。泮（pàn）：通"畔"，水边。　⑱晏晏：温和的样子。　⑲不思：想不到。反：变心。　⑳反是不思：即不思反，想不到你会变心。　㉑已焉哉：算了吧。　㉒投我以木瓜：你将木瓜投给我。投，投掷，此作赠送，给予。木瓜，落叶灌木，果似小瓜。古代有以瓜果等为朋友信物的风俗。　㉓报之以琼琚（jū）：我将回报你珍贵的佩玉。报，报答，回赠。琼琚，佩玉名，古代的饰物。以下的"琼瑶""琼玖（jiǔ）"都是古代佩玉的名称。　㉔匪报也，永以为好也：并非只是为了回报，而是表示永远相爱。匪，同"非"。

投我以木桃①，报之以琼瑶。匪报也，永以为好也。

投我以木李②，报之以琼玖。匪报也，永以为好也。

## 黍 离

这是一首感时忧世的悲歌。"彼稷之苗""彼稷之穗""彼稷之实"，农作物的部位暗合农作物的生长过程。写内心之情时依次是"中心摇摇""中心如醉""中心如噎"，越来越强烈，也越来越痛苦。

彼黍离离③，彼稷④之苗。行迈靡靡⑤，中心摇摇⑥。知我者，谓我心忧。不知我者，谓我何求。悠悠⑦苍天，此何人哉⑧？

彼黍离离，彼稷之穗。行迈靡靡，中心如醉。知我者，谓我心忧。不知我者，谓我何求。悠悠苍天，此何人哉？

彼黍离离，彼稷之实。行迈靡靡，中心如噎⑨。知我者，谓我心忧。不知我者，谓我何求。悠悠苍天，此何人哉？

①木桃：蔷薇科木瓜属，落叶小乔木，无枝刺。 ②木李：果名，又名木梨。 ③黍：一种农作物，即糜子，子实去皮后叫黄米，有黏性，可以酿酒、做糕等。离离：一行行，密密麻麻的样子。 ④稷：谷子。 ⑤行迈：远行。靡靡：慢吞吞，无精打采的样子。 ⑥摇摇：心神不宁。 ⑦悠悠：遥远的样子。 ⑧此何人哉：这（指故国沦亡的凄凉景象）是谁造成的呢？ ⑨噎：食物塞住咽喉，这里指哽咽。

## 采 葛

　　这是一首相思曲。全诗以夸张的手法，写情人不得相见时，度日如年的痛苦。三章以月、秋、岁递进，表现出愈久愈烈的感情。词浅情深，诚挚感人。

彼采葛[1]兮，一日不见，如三月兮！
彼采萧[2]兮，一日不见，如三秋兮！
彼采艾[3]兮，一日不见，如三岁兮！

## 将仲子[4]

　　抒情主人公自然是衷心喜爱这位仲子的，只是父母、兄弟和说闲话的人们共同构成了伦理和舆论压力，使女子不得不收敛自己的热情。这种对现实阻碍的在意，与《蒹葭》中那种义无反顾的情怀，形成了鲜明对比。

---

[1]葛：一种蔓生植物，块根可食，茎可制纤维。　[2]萧：蒿的一种，即青蒿。有香气，古时用于祭祀。　[3]艾：菊科植物，可制艾绒治病。　[4]将（qiāng）：请。仲子：家族中排行第二的男子，此处显然是女主人公对情人的称呼。

将仲子兮，无逾我里，无折我树杞①。岂敢爱之，畏我父母②。仲可怀也，父母之言，亦可畏也。

将仲子兮，无逾我墙，无折我树桑。岂敢爱之，畏我诸兄。仲可怀也，诸兄之言，亦可畏也。

将仲子兮，无逾我园，无折我树檀。岂敢爱之，畏人之多言③。仲可怀也，人之多言，亦可畏也。

## 女曰鸡鸣

这是一段上古夫妻的对话实录。天还没亮，女子就催促男子起床，去外面打猎。妻子则在家中操持其它家务，衷心希望能够这样与丈夫过一辈子。而丈夫也以美玉回报贤惠的妻子。一段既有生活气息又颇有些浪漫的爱情，就此定格。

女曰鸡鸣，士曰昧旦④。子兴视夜，明星有烂⑤。将翱将翔，弋凫与雁⑥。

弋言加之，与子宜之⑦。宜言饮酒，与子偕老⑧。琴瑟在御，莫不静好⑨。

---

①这几句诗的意思是：情郎啊情郎，请你不要翻过我家的外墙，不要折断了我家的杞柳。里，古时二十五户人家形成一个基本居住区，称为"里"，其四周都有围墙，这里代指居住区的外墙。下面两章的"我墙""我园"分别指家的院墙和园圃，表示距离越来越近。树杞（qǐ），"杞树"的倒装，即杞柳。下面两章的"树桑""树檀（tán）"也是"桑树""檀树"的倒装，倒装是为了诗歌的押韵。杞柳、桑树和檀树都有实用价值，因此是古时人们家中常种植的树种。　　②这两句诗的意思是：我哪里是吝惜这些树，只是惧怕父母的责怪罢了。这首诗中的"爱"，都是吝惜的意思。　　③这句诗的意思是：我只是惧怕那些说闲话的人们罢了。之，结构助词，主谓间取消句子独立性。　　④这两句诗的意思是：妻子说到鸡鸣时分了吧？丈夫说已经到昧旦时分了。昧旦，指天蒙蒙亮，与鸡鸣都是古人根据生活体验用以标示时间的，鸡鸣比昧旦要早。　　⑤这两句诗的意思是：（不信的话）你可以起来看看外面尚未全亮的天空，启明星正明亮灿烂。这应该是丈夫对妻子进一步说的话。　　⑥将：语助词，无义。翱翔：本是形容鸟飞的样子，这里借指人出外游逛。弋（yì）：射箭。凫（fú）：野鸭。这应该是丈夫对妻子说的话，可见这位丈夫可能是一位猎手。　　⑦这两句诗的意思是：希望你能够一射而中，收获的猎物我为你烹调。言，助词，无义。加，射中。宜，本义是悬挂着的肉，这里作动词，煮肉。这一章应该都是妻子对丈夫所说的话。　　⑧这两句诗的意思是：（真希望）每天（你打猎归来）我来煮食，一起吃饭饮酒，就这样和你一直到老。　　⑨这两句诗的意思是：（我们夫妻和乐幸福的生活）就像弹奏的琴曲一般，都是那样平静安详。

知子之来之，杂佩以赠之①。知子之顺②之，杂佩以问之。知子之好③之，杂佩以报之。

## 风　雨

这是一首风雨怀人的名作。在凄风苦雨、天色昏暗、群鸡惊叫的时候，一位女子心神不宁，盼望自己的情人，想不到这时情人竟然飘然而至。

风雨凄凄，鸡鸣喈喈④。既见君子，云胡不夷⑤？
风雨潇潇，鸡鸣胶胶⑥。既见君子，云胡不瘳⑦？
风雨如晦⑧，鸡鸣不已。既见君子，云胡不喜？

## 子　衿

"一日不见，如三月兮"，度日如年的相思，自然是因为深刻难忘的印象和恋慕，而那个衣领青青的形象，刻骨铭心，忧思难忘，去那城楼盼望，彷徨徘徊，反倒更见出心情的急迫。

青青子衿⑨，悠悠我心⑩。纵我不往⑪，子宁不嗣音？⑫
青青子佩⑬，悠悠我思。纵我不往，子宁不来？
挑兮达兮⑭，在城阙⑮兮。一日不见，如三月兮！

---

①这两句诗的意思是：我知道你来慰劳我，我送你这美好的玉佩（表达心意）。来（lài）：通"勑"，慰问。这一章可以视为丈夫对妻子真情付出和表白的回应。　②顺：体贴。　③好（hào）：喜爱。　④喈喈（jiē）：鸡鸣声。　⑤云：语助词。胡：何。夷：平，指心中平静。　⑥胶胶：或作"嘐嘐"，鸡鸣声。　⑦瘳（chōu）：病愈，此指愁思萦怀的心病消除。　⑧如晦：昏暗不明如夜。　⑨衿（jīn）：通"襟"，即衣领。　⑩我心：焦急等待的心情。　⑪纵：纵然。不往：不能去。　⑫宁：疑问副词，怎么。嗣（sì）音：寄个信来。这两句是说，纵然我不曾去会你，难道你就这样断绝音信了吗？　⑬佩：指男子腰中佩玉的绶（丝）带。　⑭挑（tāo）兮达（tà）兮：独自来回走着的样子。　⑮城阙：城门，是古代人们聚会的地方。

## 扬之水①

　　我们向来重视家族观念。这首诗说捆扎的枝条不易被激流冲走，而单独的枝条恐怕就要飘泊沉沦于江河，以此来告诫兄弟不能轻信流言，以至兄弟不和，最终却使自己受损。如今我们对待家人，也应该充分信任。

　　　　扬之水，不流束楚②。终鲜兄弟，维予与女③。无信人之言，人实迋④女。

　　　　扬之水，不流束薪。终鲜兄弟，维予二人。无信人之言，人实不信⑤。

## 野有蔓草

　　诗篇以野草之上晶莹剔透的露珠起兴，写一位旅途上邂逅的美人，又着重刻画她的美目，顾盼生姿，给抒情主人公留下深刻印象，以至于向对方表露了自己的倾慕之心。对于美，人人都有追求的本能，也都有追求的权利。

　　　　野有蔓草，零露漙兮⑥。有美一人，清扬婉兮⑦。邂逅相遇，适我愿兮⑧。

　　　　野有蔓草，零露瀼瀼。有美一人，婉如清扬。

---

　　①扬之水：湍急的河水。《诗经》中有好几首开头为"扬之水"的诗，这首选自《郑风》。　②这两句诗的意思是：再湍急的河水，也冲不走捆扎结实的枝条。楚，一种灌木，这里指其枝条，第二章的"薪"也是如此。　③这两句诗的意思是：我们家族兄弟已经很少了，现在只有我们两个人了。予，第一人称代词，我。女（rǔ）：同"汝"，第二人称代词，你，后面的"人实迋女"的"女"也作此解释。　④迋（kuáng）：通"诳"，欺骗。　⑤不信：没有诚意。　⑥这两句诗的意思是：郊外芳草连天，草上露珠繁多，纷纷滚落。零，落下。漙（tuán），繁多的样子，第二章的"瀼瀼（ráng）"与"漙"同义。　⑦这两句诗的意思是：看到一位美人，眼眸如露珠那样明澈美丽。清扬，眉目之间美好的样子。婉，顺，也是眼睛漂亮的意思。　⑧这两句诗的意思是：虽然只是路上偶然相遇，但她真是我心所愿啊。邂逅（xiè hòu），不期而遇。

邂逅相遇，与子偕臧①。

## 硕　鼠

劳动者负担太重，无法忍受，因而发出了对不平等现象的控诉，把不劳而获者比喻成大家所憎恶的大老鼠，还表达了寻找理想"乐土"的愿望。

硕鼠硕鼠②，无食我黍！三岁贯女③，莫我肯顾④。
逝将去女⑤，适彼乐土。乐土乐土，爰得我所⑥？
硕鼠硕鼠，无食我麦！三岁贯女，莫我肯德⑦。
逝将去女，适彼乐国。乐国乐国，爰得我直⑧？
硕鼠硕鼠，无食我苗！三岁贯女，莫我肯劳⑨。
逝将去女，适彼乐郊。乐郊乐郊，谁之永号⑩？

## 蒹　葭

人的一生就是在不断追寻，然而追寻的路途总是充满坎坷曲折，也许努力了，拼搏了，最终仍然不能找到理想的所在，但是"伊人"永在，我们的生命就有意义。

蒹葭苍苍⑪，白露为霜。所谓伊人⑫，在水一方⑬。
溯洄从之⑭，道阻⑮且长。溯游从之，宛在水中央。

①这句诗的意思是：和你一起享受快乐的时光。偕（xié），共同。臧（zāng），美好的。　②硕鼠：肥大的鼠。这里用来比贪得无厌的统治者。　③三岁贯女：侍奉你多年。贯，侍奉。　④顾：顾念、体谅。　⑤逝：通作"誓"，发誓。去：离开。　⑥爰：犹"乃"。所：指可以安居的地方。　⑦德：恩惠。　⑧直：即"值"。句意谓使我的劳动得到相当的价值、报酬。　⑨劳：慰问。　⑩永号：犹"长叹"。结尾两句说，既到乐郊，就再不会有悲愤，谁还长吁短叹呢？　⑪蒹葭（jiān jiā）：芦苇。苍苍：茂盛的样子。下文"萋萋""采采"义同。　⑫所谓：所说，这里指所怀念的。伊人：那人。　⑬在水一方：在河的另一边，指对岸。　⑭溯洄（sù huí）从之：意思是沿着河道向上游去寻找她。溯洄，逆流而上。从，追求。　⑮阻：险阻，难走。

蒹葭萋萋，白露未晞①。所谓伊人，在水之湄②。
溯洄从之，道阻且跻③。溯游从之，宛在水中坻④。

蒹葭采采，白露未已。所谓伊人，在水之涘⑤。
溯洄从之，道阻且右⑥。溯游从之，宛在水中沚⑦。

## 无 衣

这是一首激昂慷慨、同仇敌忾的战歌。表现了秦国军民的高昂士气和乐观精神，矫健而爽朗的风格正是秦人的精神气质。

岂曰无衣？与子同袍⑧。王于兴师⑨，修我戈矛⑩，
与子同仇⑪！

岂曰无衣？与子同泽⑫。王于兴师，修我矛戟⑬，
与子偕作！

岂曰无衣？与子同裳⑭。王于兴师，修我甲兵⑮，
与子偕行！

①晞（xī）：晒干。　②湄（méi）：水和草交接之处，指岸边。　③跻（jī）：升高，这里形容道路又陡又高。　④坻（chí）：水中的小洲或高地。　⑤涘（sì）：水边。　⑥右：弯曲。　⑦沚（zhǐ）：水中的小块陆地。　⑧袍：长衣。行军者日以当衣，夜以当被。"同袍"是友爱之辞。　⑨王：指周王，秦国出兵以周天子之命为号召。于：语助词，犹"曰"。兴师：出兵。　⑩戈矛：都是长柄的兵器，戈平头而旁有枝，矛头尖锐。　⑪同仇：共同对敌。　⑫泽：同"襗"，内衣，指今之汗衫。　⑬戟：兵器名。古戟形似戈，具横直两锋。　⑭裳：下衣，此指战裙。　⑮甲兵：铠甲与兵器。

# 东门之杨

傍晚约会，所谓"人约黄昏后"，满怀期待，然而久等不至。只见东门附近杨树茂盛，入夜已深，星光灿烂。这些景色不可谓不美，不过对于抒情主人公而言，恐怕都只会加深焦虑与失望吧。

> 东门之杨，其叶牂牂①。昏以为期，明星煌煌②。
> 东门之杨，其叶肺肺。昏以为期，明星晳晳。

# 蜉　蝣

蜉蝣生命短暂，但依旧拥有鲜亮的翅膀，可以作一日的自由飞翔，享受生命的快意。人见了，不禁要联想到自己的生命较之蜉蝣虽长，但与自然相比却不过沧海一粟，于是焦虑、悲伤、惶恐油然而生。

> 蜉蝣之羽，衣裳楚楚③。心之忧矣，于我归处④？
> 蜉蝣之翼，采采衣服。心之忧矣，于我归息？
> 蜉蝣掘阅，麻衣如雪⑤。心之忧矣，于我归说？

---

①牂牂（zāng）：枝叶茂盛的样子，与第二章"肺肺（pèi）"同义。　②这两句诗的意思是：本来约好黄昏时分在东门相会的，可现在天上的星辰如此明亮了（你却还没到来）。煌煌（huáng），明亮的样子，与第二章的"晳晳（zhé）"同义。　③这两句诗的意思是：蜉蝣那透明纤薄的翅膀，仿佛鲜亮华彩的服饰。楚楚，鲜明的样子，与第二章的"采采"同义。　④这两句诗的意思是：（蜉蝣生命短暂，朝生暮死，尚且能够享受这绚烂的生命，）那么对我来说，生命又将归于何处呢？处（chǔ），止，停留，后二章中的"息""说（shuì）"都是此义。　⑤这两句诗的意思是：蜉蝣成虫之时掘开洞穴飞出，舞动的翅膀仿佛用麻制作的朝服那样，远远望去一片雪白。阅，通"穴"，洞穴。

# 东山（节选）

　　这是一首离家三年的男子在返乡途中思念家园妻子的作品。作者不但善于用景物描写烘托抒情主人公的内心情怀，比如以蒙蒙细雨写其焦急感伤；而且善于以景物作联想与想象的关联，如以鹳鸣引出妻子叹息，以仓庚飞翔引出往昔婚礼场面；更令人叹为观止的，是出现了挂在干柴之上的瓠瓜如此细腻的生活场面。作者自如地切换视角，通过写妻子思念自己来写自己的思家情深，别具匠心。

　　　我徂东山，慆慆不归①。我来自东，零雨其濛②。鹳鸣于垤，妇叹于室③。洒扫穹窒，我征聿至④。有敦瓜苦，烝在栗薪。自我不见，于今三年⑤。

　　　我徂东山，慆慆不归。我来自东，零雨其濛。仓庚于飞，熠耀其羽⑥。之子于归，皇驳⑦其马。亲结其缡，九十其仪⑧。其新孔嘉，其旧如之何⑨？

新编中华文化基础教材·第十一册

16

---

①这两句诗的意思是：我出征到东山去，很久没能回到自己的家。东山，又叫"蒙山"，在今山东省曲阜市境内，《孟子》中说"孔子登东山而小鲁"也是此地。慆慆（tāo），很久。　②这两句诗的意思是：我从东方征战之地回来，一路细雨蒙蒙。零雨，小雨。其濛，相当于"濛濛"，雨水细微的样子。　③这两句诗的意思是：因为雨水到来，善知风雨的鹳鸟在小土堆上长鸣，恐怕我的妻子此时也（因为我归途遭遇风雨而）正在家里叹息罢。鹳（guàn），一种水鸟。垤（dié），小土丘。　④这两句诗的意思是：（妻子此时大概在家里）打扫房间，把墙上的破洞都堵上，（虽然辛苦，但她却不感到劳累，）因为"我那位出征已久的丈夫就要回来了"。穹（qióng），穷尽，都。窒（zhì），填塞。聿（yù），相当于"乃"，就要。　⑤这两句诗的意思是：那只瓠（hù）瓜始终挂在劈好的干柴之上，我没有看到（这样的家庭生活场景），至今已经有三年之久了。敦（duī），聚集的样子。一说，通"团"，圆貌。瓜苦，即"苦瓜"的倒装，有人认为指的就是有苦味的瓜，以此暗示抒情主人公内心的苦楚；也有人认为是"瓠瓜"，即今俗称"夜开花"的一种蔬果，古代男女结婚时将内部干枯的瓠瓜剖开各拿一半，表示结为一体。此处取后一种说法。烝（zhēng），发语词。栗，上古读音与"裂"相同，因此可以解释为劈开的。　⑥这两句诗的意思是：黄鹂鸟飞鸣的时候，翅膀挥动，在阳光的照耀下，是多么的闪亮呀。黄鹂鸣叫是在春季，古人认为此时适合嫁娶，此处是抒情主人公回忆自己与妻子当初结婚时的场景，并非诗歌当下的时令。熠（yì）耀，鲜亮的样子。　⑦皇驳：马匹黄杂白称"皇"，红杂白称"驳"，这里指当初迎亲时有各色马匹，非常盛大。　⑧这两句诗的意思是：新娘的母亲亲自为她带上佩巾，婚礼的仪式非常繁多。亲，指新娘的母亲。缡（lí），女子出嫁时所用佩巾。九十，这里是虚指，表示很多。这也是回忆当初婚礼的场面。　⑨这两句诗的意思是：回想初嫁时的妻子多么漂亮呀，如今三年未见，不知道（经历岁月艰辛和思念之苦的）她怎么样了？孔，程度副词，非常。嘉，好，这里指美好。旧，指时间很久。

## 鸿 雁

　　这首诗的抒情主人公大概是一位君王，面对百废待兴的局面，不得不与贵族、百姓一起合作，重建城墙及生活空间。但他怀有仁爱之心，怜悯百姓，又对未来充满了希望。最后，我们也得以一窥高位者对舆论的无奈，才能够明白孔子为什么说"民可使由之，不可使知之"了。

　　鸿雁于飞，肃肃①其羽。之子于征，劬劳于野②。
爰及矜人，哀此鳏寡③。
　　鸿雁于飞，集于中泽④。之子于垣，百堵皆作⑤。
虽则劬劳，其究安宅⑥。
　　鸿雁于飞，哀鸣嗷嗷⑦。维此哲人，谓我劬劳。
维彼愚人，谓我宣骄⑧。

## 鹤 鸣

　　这是一首全用"比"的作品，选自《小雅·彤弓之什》。向来被认为是臣子劝周王访求那些没有受到重用的隐士而作。于是后代也以"鹤鸣之士"来称呼那些有才而隐居的人。

　　鹤鸣于九皋，声闻于野。鱼潜在渊，或在于

---

①肃肃：鸿雁飞翔时翅膀发出的振响声。　②这两句诗的意思是：这些百姓被征发去劳作，在野外非常辛劳。劬（qú）劳，非常辛劳。　③鳏寡（guān guǎ）：老而丧妻者称"鳏"，老而丧夫者称为"寡"。　④中泽："泽中"的倒装，即沼泽地内。　⑤这两句诗的意思是：这些百姓一起筑城墙，再高再多的也同时修建起来。垣（yuán），墙，这里是名词活用作动词，修筑城墙。堵，六尺为板，五板为堵，这里是虚指，表现城墙高大。皆（xié），同"偕"，同时。　⑥这两句诗的意思是：虽说修筑工作非常辛劳，但终究能够有地方安居乐业了。　⑦嗷嗷（áo）：拟声词，鸿雁的哀鸣声。　⑧这几句诗的意思是：对那些明智的人来说，他们能够懂得我的苦心，体恤百姓的辛劳；而对那些愚昧的人来说，还以为我是骄傲奢侈呢。宣骄，骄奢，两词同义。

渚<sup>①</sup>。乐彼之园，爰有树檀，其下维萚<sup>②</sup>。它山之石，可以为错<sup>③</sup>。

鹤鸣于九皋，声闻于天。鱼在于渚，或潜在渊。乐彼之园，爰有树檀，其下维榖<sup>④</sup>。它山之石，可以攻玉。

## 青　蝇

据说这是卫武公所作，用以劝谏周幽王不要听信谗言，毁乱国事。诗借令人厌烦的苍蝇起兴，讽刺那些挑拨君臣关系的小人。

营营<sup>⑤</sup>青蝇，止于樊<sup>⑥</sup>。岂弟<sup>⑦</sup>君子，无信谗言。
营营青蝇，止于棘<sup>⑧</sup>。谗人罔极<sup>⑨</sup>，交乱四国。
营营青蝇，止于榛<sup>⑩</sup>。谗人罔极，构<sup>⑪</sup>我二人。

## 苕之华<sup>⑫</sup>

这首诗的抒情主人公大约是一位乱世的百姓，看到攀附树木得以生长的凌霄花，想到自己生逢乱世的不幸，发出了这样的日子还不如不过的愤慨之音。不仅

---

①这几句诗的意思是：鹤在幽深的水边鸣叫，但悠长的鸣声在野外都能听见。鱼有时潜伏在水底，有时游走在水边。这里的鹤与鱼可能都在比喻隐士。　②这几句诗的意思是：高兴地到园中去看，因为那里种着檀树，树下是落叶。之，动词，往。爰，这里表示轻微的因果关系。萚（tuò），落叶。这里的檀树和落叶大约是用以比喻人才各得其所，而园则是国的象征。　③这两句诗的意思是：其它山采来的石头，可以用来做磨玉石。错，同"厝"，磨砺之石。其比喻义是，即使从异邦来的人也可以成为国之良才。　④榖（gǔ）：一种树的名字，又称为楮树，可以用来造纸，因而有人认为这里是说檀树、楮树各有作用，暗喻人才各尽其用。但《诗经》时代并无造纸术，且西汉以来注释都认为榖是一种不好的树种，因此这里解作人才良莠判然可分。　⑤营营：来来往往的样子。　⑥樊（fán）：篱笆。　⑦岂弟（kǎi tì）：谦和平易的样子。　⑧棘（jí）：酸枣树。　⑨罔（wǎng）极：不停。　⑩榛（zhēn）：杂乱的草木，也可以解释为榛树，是做成第一章中所说"樊"的材料。　⑪构：乱，离间。　⑫苕（tiáo）之华（huā）：即凌霄花，是一种藤本植物，这里有将身处乱世的自己比作依附高树的凌霄花之意。华，同"花"，花朵。

如此，饥荒带来的是更加紧迫的危机——羊因为无可采食而瘦骨嶙峋；想要捕鱼却鱼篓空空。古代的星空多么辉煌，三星居然能够倒映在水中，这大概是今天读这首诗的另一种震撼了。

苕之华，芸①其黄矣。心之忧矣，维其伤矣。

苕之华，其叶青青②。知我如此，不如无生。

牂羊坟首，三星在罶③。人可以食，鲜④可以饱。

---

①芸（yùn）：草木枯黄的样子。　②青青（jīng）：通"菁菁"，叶子茂盛的样子。　③这两句诗的意思是：母羊因为饥饿显得头特别大，水中捕鱼的竹笼里倒映着天上的参宿三星。牂（zāng）羊，母羊。坟，大。三星，古代天文学有所谓心宿、河鼓和参（shēn）宿三星之说，郑玄就认为这里指的是心宿三星，但从全诗来看，从花落到叶多，有一个过程，第三章应该是写食物更为匮乏的冬季，而心宿、河鼓三星所对应的天蝎座、天鹰座都是夏季星空的常见星，而参宿三星对应的猎户座是冬季星空最明显的星座，所以这里取参宿三星说。罶（liǔ），捕鱼的竹篓，鱼单向进入，不能出来。　④鲜（xiǎn）：很少。

# 文史知识

## 一、《诗经》的采集与编订

　　《诗经》是一部诗歌总集，里面收集了不少民歌，诗歌涉及的地域包括今天的陕西、山西、河南、河北、山东和湖北北部等地。那么涉及地域这样广大的民歌，是怎么汇集、整理成一个集子的呢？这就要说到《诗经》的采集和编订问题。关于《诗经》的采集与编订，从古人的相关记载和言论之中，大约可以归纳出三种说法：采诗说，献诗说，删诗说。

　　"采诗说"和"献诗说"是关于诗歌的采集的。"采诗说"的含义是周王朝为了了解各地的风土民情、考察诸侯的政治状况，派出一批专职人员，到各地采集民间的诗歌。采集上来之后，一级一级上传到王朝中主管音乐的太师那里，由太师"比其音律"，也就是给这些民歌谱成曲子，然后演奏给天子听，天子可以由此"观风俗，知得失，自考正"（《汉书·艺文志》）。"献诗说"的含义是朝廷的公卿大臣，如果对天子的行为有意见，可以通过向天子献诗来进行劝谏，这种献诗劝谏的行为就是所谓"主文而谲谏，言之者无罪，闻之者足以戒"（《诗大序》）。简单地说，采诗是自上而下的，为的是考察舆情；献诗是自下而上的，为的是劝谏政事。

　　"删诗说"主要是关于《诗经》的编订的。孔子删诗说最早见于司马迁《史记·孔子世家》，司马迁说古时候有诗歌三千多首，孔子删去其中重复的诗篇，选取可以用来进行礼乐教化的诗歌三百零五篇，就是我们今天所见的《诗经》。孔子删诗说从唐代开始受到怀疑，例如唐代作《毛诗正义》的孔颖达就认为，如果孔子真的将三千篇诗歌删成三百篇，那就会有大量诗歌散佚，不见于今本《诗经》，而目前先秦典籍中所引用的《诗经》原文大多见于今本《诗经》，由此可知孔子可能没有删诗。后代的学者也多反对孔子删诗说。孔子是否删诗，至今仍是《诗经》学界的一大悬案。

## 二、诗六义

所谓《诗经》中的"六义"，即是指"风、雅、颂"三种诗歌体裁与"赋、比、兴"三种表现手法。

风、雅、颂是按不同音乐类型和功能区分的。郑樵认为："风土之音曰风，朝廷之音曰雅，宗庙之音曰颂。"《风》包括十五部分，大部分是黄河流域的民间乐歌，称作"十五国风"，共一百六十篇。《雅》分为《小雅》（七十四篇）和《大雅》（三十一篇），是宫廷乐歌，共一百零五篇。《颂》包括《周颂》（三十一篇），《鲁颂》（四篇）和《商颂》（五篇），是用于宗庙祭祀的乐歌和舞歌，共四十篇。

风是带有地方色彩的音乐，保存了大量劳动人民的口头创作，具有浓厚的民歌特色：语言朴素、鲜明，富于形象性；形式上多是四言成句，隔句用韵，富有节奏感和音乐感。同时往往重章叠句，有一唱三叹的音乐效果。需要指出的是，古代相当长一段时间内，诗乐舞是合一的，如《墨子·公孟》篇说："诵诗三百，弦诗三百，歌诗三百，舞诗三百。"可见当时诗都是可以唱的，后来的乐府诗、宋词等在早期也是可以歌唱的。如果从歌谣的角度看这些风诗，那么我们很容易理解这当中所描绘的底层百姓的喜怒哀惧，其中表达青年男女之间相思相恋的内容占据了很大的篇幅。男女慕悦本是自然健康的人性表达，但长期以来，这些被视为不健康的内容；同时，由于《诗》较早就上升为儒家经典，作为一部经典，它必须拥有更为一般性的意义，因此我们从《毛诗故训传》（一部完成于汉代的《诗经》注释）中可以看到，当时已经将这些爱情诗解读为大有深意的政治诗，并且附会上各种儒家道理，这种做法对国风的文学性是一种极大的遮蔽。这种状况直到南宋朱熹的《诗集传》才有所改变，他明确提出国风的大多数作品都是里巷歌谣，这等于恢复了其本来面貌，尽管他在解释的时候仍然不敢完全推翻前人。新文化运动以后，由于西方文学观念的传入，人们对国风的认识发生了根本上的变化，它们被视为珍贵的先民情歌，也因此成为《诗经》的精华部分。作为初学《诗经》者，我们也提倡先读这一部分的作品。

"雅"是"王畿"之乐，这个地区周人称之为"夏"，"雅"和"夏"古代通用。雅又有"正"的意思，当时把王畿之乐看作是正声——典范的音乐。周代人把正声叫做雅乐，朱熹《诗集传》曰："雅者，正也，正乐之歌也。"

"颂"是宗庙祭祀的乐歌和史诗，内容多是歌颂祖先功业的，因此这部分诗歌较少使用重章叠句的形式。《毛诗序》说："颂者，美盛德之形容，以其成功告于神明者也。"这是颂的含义和用途。

关于赋、比、兴，前面在谈《诗经》的艺术手法和成就时我们曾简单地介绍过。赋就是铺陈叙事，这里不再多谈，主要对比、兴做进一步介绍。

"比"，朱熹《诗集传》说是"以彼物比此物"，也就是比喻。《诗经》中用比喻的地方很多，手法也富于变化。如《邶风·柏舟》中联翩博喻，连用"我心匪鉴，不可以茹""我心匪石，不可转也""我心匪席，不可卷也"三喻，表明自己的心志坚定。

"兴"，朱熹《诗集传》说是"先言他物以引起所咏之辞"，也就是先说其他事物为所咏之内容作引子。"兴"字的本义是"起"，所以往往用于一首诗或一章的开头，因此又多称为"起兴"。《诗经》中的"兴"，有的只是一种发端，同下文并无意义上的联系，表现出思绪触物而飘移联想；有的"兴"则类似比喻或象征的用法，有隐喻主旨的意义。如《淇奥》开头的"瞻彼淇奥，绿竹猗猗"，写出了卫国淇水边竹子苍翠茂盛的样子，可以说是写实之笔，但也可以理解为对卫武公德行之美的暗喻。

那么比和兴有什么区别呢？一般认为，"比显而兴隐"，即比更明显而兴更隐晦。"比"这种手法是面对所咏之物，以一既成而相似之物作比，比如"肤如凝脂"；而"兴"则是触物起思，以引起所咏之物，其自由度更高，也更具文学色彩。

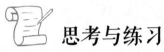 **思考与练习**

**一** 你能填写出下列名句的空缺处吗?

　　1. 修我戈矛,＿＿＿＿＿＿＿＿＿＿＿＿＿＿＿。

　　2. 所谓伊人,＿＿＿＿＿＿＿＿＿＿＿＿＿＿＿。

　　3. 青青子衿,＿＿＿＿＿＿＿＿＿＿＿＿＿＿＿。

　　4. ＿＿＿＿＿＿＿＿＿＿＿＿＿＿＿,鸡鸣不已。

　　5. ＿＿＿＿＿＿＿＿＿＿＿＿＿＿＿,君子好逑。

　　6. 桃之夭夭,＿＿＿＿＿＿＿＿＿＿＿＿＿＿＿。

　　7. 知我者谓我心忧,＿＿＿＿＿＿＿＿＿＿＿＿。

　　8. 投我以木桃,＿＿＿＿＿＿＿＿＿＿＿＿＿＿。

**二** 《诗经》中还有许多传颂千古的名句,你给同学介绍一下。

**三** 《诗经》中涉及的植物达几百种,你能在我们身边找到多少呢?

**四** 《诗经》对后来中国文化的影响很大,你能列举五首受到《诗经》影响的现代歌词吗?

**五** 我们编选的《诗经》篇目,你最喜欢哪首? 请说说你喜欢的理由。

# 第二单元
# 百家争鸣的盛况
## ——诸子散文（上）

单元导读

我们的日常交往为什么要讲礼仪？

中国人为什么怕做"出头鸟"？

这些都是传统文化在人们生活中的折射。

传统文化是一个民族语言习惯、文化传统、思想观念、情感认同的集中体现，凝聚着民族普遍认同和广泛接受的道德规范、思想品格和价值取向，具有极为丰富的思想内涵。中华优秀传统文化讲仁爱、重民本、守诚信、崇正义、尚和合、求大同，影响着中华几千年的历史，浸润着中华子孙的魂灵。

中国传统文化以孔子、孟子所代表的儒家文化和老子、庄子所代表的道家文化为主导，并形成互补之势。儒学对中国传统文化乃至整个社会生活都有着广泛而深远的影响，尤其对中国传统政治制度、伦理道德、文化教育、风

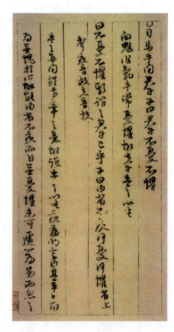

〔南宋〕朱熹《论语集注》残稿

俗习惯、国民精神等方面的影响至为深远。可以说，中国作为一个地域辽阔的多民族国家，之所以能够历经千年而保持统一，实有赖于儒家思想的维持。它提倡的积极有为、自强不息乃至舍生取义等精神在历代社会精英身上传承，从而使这个文化共同体具有永恒的生命力。

道家、道教对中国传统哲学、文学、艺术、科技、宗教、医药、体育等领域有着相当广泛的影响。道家将"道"视为世界的本体和本源，使中国的哲学成为一种一元论的哲学，其思想资源其实不仅仅局限于道家内部，儒家、法家等都与之密切相关。有人指出，早期的道家与兵家之间思想关联较为紧密，并认为道家中较为注重权术、运用权势的思想来源于先民在军事行动中的经验，这说明，道家智慧具有较强的实践理性，并且已经成为先秦时期的一般性智慧。道家思想也为后世人们提供了可以休憩的精神家园，无论是恬退隐忍的人生态度，还是求仙卫生的修炼术，抑或艺术创作中的境界，无不取法于道家思想。甚至后来强大的佛教思想在其初入中原时，也全以道家术语来介绍和阐明自身。

传统士大夫的"达兼穷独"的人生价值取向以及民族性格中刚柔相济的品格等等，都是儒道互补在中国文化精神中的具体体现。我们要做有文化的现代人，就要深入了解中国的儒道文化。本单元选文就选自道家与儒家的两部基本典籍:《道德经》和《论语》。

# 选文部分

## 一、《道德经》

　　《道德经》相传是老子的作品。根据《史记·老子韩非列传》的记载，老子姓李，名耳，字聃，曾经担任过"周守藏室之史"，相当于周朝国家图书馆的馆长，大概因为他知识渊博，孔子曾到洛阳向他请教关于礼的问题。老子见周王室衰微，就准备避世隐居，走到函谷关时，守关的官员尹喜请老子写一部书留下来，于是老子"乃著书上下篇，言道德之意五千余言"，这部书就是《道德经》。

　　《道德经》文约义丰，全书五千余言，八十一章，分上下两篇，前三十七章为上篇，称《道经》，后四十四章为下篇，称《德经》。《道德经》的内容非常精深，其中既有关于宇宙本原的讨论，也有关于治国处世之道的论说。老子认为道是宇宙的本体，"反者道之动"，物极必反，祸福相依，具有朴素的辩证法思想。老子认为"人法地，地法天，天法道，道法自然"，因此治国处世都应遵循自然无为的原则，守柔弱而不争。《道德经》的智慧源于老子对世界和历史的精细观察和睿智思考，需要我们去认真体悟。

　　《道德经》的智慧不仅影响了中国文化，对世界文化的影响也日益扩大。美国前总统里根在1987年《国情咨文》中曾引用《道德经》里的"治大国若烹小鲜"这句话。德国前总理施罗德甚至说，每个德国家庭都应该有一本《道德经》，以解决我们思想上的困惑，可见《道德经》的智慧魅力。

## 天下皆知美之为美

老子通过日常的社会现象与自然现象，说明世间万物都是相反相成的，既相互对立又相互依赖、相互补充，揭示了对立统一的规律，体现了朴素的辩证法思想。

天下皆知美之为美，斯①恶已；皆知善之为善，斯不善已。

有无相生②，难易相成，长短相形③，高下相盈④，音声⑤相和，前后相随。是以圣人处无为之事⑥，行不言之教。万物作⑦而不为始，生而不有，为而不恃⑧，功成而弗居。夫惟弗居，是以不去。

——《道德经》第二章

## 上善若水

老子用水性来比喻品德高尚的人格，认为他们的品格像水那样，一是柔，二是停留在卑下的地方，三是滋润万物而不与争，善利万物而不争名夺利。

上善若水⑨。水善利万物而不争，处众人之所恶⑩，故几于道⑪。居善地，心善渊⑫，与善仁⑬，

---

①斯：则。　②相：互相。　③形：此指比较、对照中显现出来的意思。　④盈：通"呈"，与"形"义同，指高与下在对比中显现出来。　⑤音声：《礼记·乐记》："声成文谓之音。"音指有节奏韵律的乐音。一说，声为人声，音为乐音。　⑥圣人处无为之事：圣人以无为的态度处理世事。圣人，古时人所推崇的明哲之人。无为，顺应自然、不干扰、不妄为。　⑦作：兴起、发生。　⑧为而不恃：作育万物而不自恃己能。　⑨上善若水：上，最的意思。上善即最善。这里老子以水的形象来说明"圣人"是道的体现者，因为圣人的言行有类于水，而水性是近于道的。　⑩处众人之所恶（wù）：即居处于众人所不愿去的地方。恶，厌恶。　⑪几（jī）于道：接近于道。几，接近。　⑫渊：形容沉静。　⑬与善仁：与有修养的人交往。与，指与别人相交接。

言善信，政善治①，事善能，动善时②。夫惟不争，故无尤③。

——《道德经》第八章

## 五色令人目盲

老子提醒人们要摒弃声色物欲的诱惑，清心寡欲，保持内心的安宁清静，永葆天性。如今，物质文明高度发达，生活中充满各种物欲诱惑，老子的话正是一记警钟。

五色④令人目盲⑤，五音⑥令人耳聋⑦，五味⑧令人口爽⑨，驰骋⑩畋猎⑪令人心发狂⑫，难得之货令人行妨⑬。是以圣人为腹不为目⑭，故去彼取此⑮。

——《道德经》第十二章

## 曲则全

"天地无穷极，阴阳转相因"，事物的正反两面往往处于转化之中，祸福相依。老子提醒人们，不要汲汲于求"全"求"盈"，求全之道，莫过于"不争"。

曲则全，枉⑯则直，洼则盈，敝⑰则新，少则得，

①政善治：为政善于治理国家，从而取得治绩。　②动善时：行动善于把握有利的时机。　③尤：怨咎、过失、罪过。　④五色：指青、黄、赤、白、黑。此指色彩多样。　⑤目盲：比喻眼花缭乱。　⑥五音：指宫、商、角、徵、羽。这里指多种多样的音乐声。　⑦耳聋：比喻听觉不灵敏，分不清五音。　⑧五味：指酸、苦、甘、辛、咸，这里指多种多样的美味。　⑨口爽：意思是味觉失灵，生了口病。古代以"爽"为口病的专用名词。　⑩驰骋：纵横奔走，比喻纵情放荡。　⑪畋（tián）猎：打猎获取动物。畋，打猎的意思。　⑫心发狂：心旌放荡而不可制止。　⑬行妨：伤害操行。妨，妨害、伤害。　⑭为腹不为目：只求温饱安宁，而不为纵情声色之娱。　⑮去彼取此：摒弃物欲的诱惑，而保持安定知足的生活。"彼"指"为目"的生活，"此"指"为腹"的生活。　⑯枉：屈、弯曲。　⑰敝：敝旧、衰败。

多则惑。是以圣人执一①为天下式②。不自见③，故明④；不自是，故彰；不自伐⑤，故有功；不自矜，故能长。夫惟不争，故天下莫能与之争。古之所谓"曲则全"者，岂虚言哉！诚全而归之。

——《道德经》第二十二章

## 知人者智

我们常说"人贵有自知之明"，又说"最难战胜的人是我们自己"。关于这些问题，老子是怎么看的呢？

知人者智，自知者明。胜人者有力，自胜者强⑥。知足者富，强行⑦者有志。不失其所者久，死而不亡⑧者寿。

——《道德经》第三十三章

## 柔弱胜刚强

俗话说"月盈则亏，水满则溢"，事物总是处于不断对立转化的过程中。势强必弱，盛极而衰，老子守柔弱，因为柔弱往往富于韧性，刚强则易折。

将欲歙之⑨，必固⑩张之；将欲弱之，必固强之；将欲废之，必固举⑪之；将欲取之，必固与⑫之。是

---

①执一：执，守。一，即道。此意为守道。　②式：法式，范式。　③见（xiàn）：同"现"，自我炫耀。　④明：彰明。　⑤伐：夸。　⑥强：刚强、果决。　⑦强行：或谓当做"勤行"，即坚持不懈，勤勉力行。　⑧死而不亡：身虽死而"道"犹存。　⑨歙（xī）：敛，合。　⑩固：暂且。　⑪举：一本作"兴"。　⑫与：给，同"予"字。

谓微明①。柔弱胜刚强。鱼不可以脱于渊②，国之利器不可以示人③。

——《道德经》第三十六章

## 大器晚成

这里的上士、中士、下士是以其对于道的认知水平而分的。道是隐奥难见的，"大音希声""大象无形"，就是比喻道的幽隐未现，不可捉摸。

上士闻道，勤而行之；中士闻道，若存若亡；下士闻道，大笑之，不笑不足以为道。故建言④有之：明道若昧，进道若退，夷道若纇⑤，上德若谷，大白若辱⑥，广德若不足，建德若偷⑦，质真若渝⑧，大方无隅⑨，大器晚成，大音希声，大象无形，道隐无名。夫唯道，善贷且成⑩。

——《道德经》第四十一章

## 大巧若拙

"大盈若冲"，真正的"盈"是始终保持一种"冲"（虚心）的状态。只有永远虚心，才能不断充实自己而"其用不穷"。

---

①微明：微妙的先兆。　②脱：离开，脱离。　③国之利器不可以示人：国家的严刑峻法这类利器不可用来显摆威吓人民。利器，指国家的刑法等政教制度。示人，用严刑制裁人民。这即是"刚强"，而一味靠强权的统治是难以持久的。　④建言：立言。　⑤夷道若纇（lèi）：平坦的道路好似崎岖不平。夷，平坦。纇，本义为丝上的节，引申为不平之意。　⑥大白若辱：最纯洁的心灵好像含有污垢。辱，黑垢。　⑦建德若偷：刚健的德好像怠惰的样子。建，通"健"，刚健。偷，偷惰，懈怠。　⑧质真若渝：质朴而纯真好像浑浊。渝，变污。　⑨大方无隅：最方整的东西却没有角。隅，角落、墙角。　⑩善贷且成：道使万物善始善终，而万物自始至终也离不开道。贷，施与、给予，引申为帮助、辅助之意。

大成①若缺，其用不弊；大盈若冲②，其用不穷。大直若屈③，大巧若拙，大辩若讷④。躁胜寒，静胜热⑤，清静为天下正⑥。

——《道德经》第四十五章

## 不出户，知天下

不出户而知天下，并不是有什么特异功能，也不是闭门造车，而是对事物发展最本质的规律了然于胸，万变不离其宗，才能如此自信。

不出户，知天下；不窥牖⑦，见天道⑧。其出弥远，其知弥少。是以圣人不行而知，不见而明⑨，不为而成⑩。

——《道德经》第四十七章

## 道生之，德畜之

老子认为，"道"生长万物，"德"养育万物，但"道"和"德"并不干涉万物的生长繁衍，而是顺其自然。"德"是"道"的化身，是"道"的人世间的具体作用。

道生之，德畜之，物形之，势⑪成之。是以万物

---

①大成：最为完满的东西。　②冲：虚，空虚。　③屈：曲。　④讷：拙嘴笨舌。　⑤躁胜寒，静胜热：身体运动可以生热以御寒，心境安宁可以生凉以耐热。躁，躁动，运动。　⑥清静为天下正：清净无为可以作为天下人的模范。　⑦窥牖（yǒu）：不看窗外。窥，从小孔隙里看。牖，窗户。　⑧天道：日月星辰运行的自然规律。　⑨不见而明：意为不窥见而明天道。　⑩不为：无为、不妄为。　⑪势：万物生长的自然环境。

莫不尊道而贵德。道之尊，德之贵，夫莫之命而常自然。故道生之，德畜之；长之育之；亭之毒之<sup>①</sup>；养<sup>②</sup>之覆<sup>③</sup>之。生而不有，为而不恃，长而不宰，是谓玄德<sup>④</sup>。

——《道德经》第五十一章

## 祸兮，福之所倚

相反的东西可以相成，同时，相反的东西可以互相转化，有时这是违背我们生活经验的，但如果我们静心细致地观察，却不难发现这一规律。

其政闷闷<sup>⑤</sup>，其民淳淳<sup>⑥</sup>；其政察察<sup>⑦</sup>，其民缺缺<sup>⑧</sup>。祸兮，福之所倚；福兮，祸之所伏。孰知其极？其无正<sup>⑨</sup>。正复为奇，善复为妖<sup>⑩</sup>。人之迷，其日固久<sup>⑪</sup>。是以圣人方而不割<sup>⑫</sup>，廉而不刿<sup>⑬</sup>，直而不肆<sup>⑭</sup>，光而不耀<sup>⑮</sup>。

——《道德经》第五十八章

---

①亭之毒之：一本作"成之熟之"。　②养：爱养、护养。　③覆：维护、保护。　④玄德：即上德。它产生万物而不居为己有，养育万物而不自恃有功。　⑤闷闷：昏昏昧昧的状态，有宽厚的意思。　⑥淳淳：淳朴厚道的意思。　⑦察察：严厉、苛刻。　⑧缺缺：狡黠、抱怨、不满足之意。　⑨其无正：它们并没有确定的标准。其，指福、祸变换。正，标准、确定。　⑩正复为奇，善复为妖：正的变为邪的，善的变成恶的。正，方正、端正。奇，反常、邪。善，善良。妖，邪恶。　⑪人之迷，其日固久：人的迷惑于祸、福之门，而不知其循环相生之理者，其为时日一定很久了。　⑫方而不割：方正而不割伤人。　⑬廉而不刿（guì）：锐利而不伤害人。廉，锐利。刿，割伤。　⑭直而不肆：直率而不放肆。　⑮光而不耀：光亮而不刺眼。

## 千里之行，始于足下

古人说："祸患常积于忽微。"大的事物总是从微小时发展起来的。老子提醒人们要慎终如始，防微杜渐，防患于未然。

其安易持，其未兆易谋。其脆易泮，其微易散。为之于未有，治之于未乱。合抱之木，生于毫末①；九层之台，起于累土②；千里之行，始于足下。为者败之，执者失之。是以圣人无为故无败，无执故无失。民之从事，常于几成而败之。慎终如始，则无败事。是以圣人欲不欲，不贵难得之货；学不学，复众人之所过，以辅万物之自然而不敢为。

——《道德经》第六十四章

## 不敢为天下先

老子有三宝："慈"，"俭"，"不敢为天下先"。有道之人善于守护这三宝，则可以取得非常好的效果，否则便会自取灭亡。

天下皆谓我道大③，似不肖④。夫唯大，故似不肖。若肖，久矣其细也夫⑤。我有三宝⑥，持而保之。一曰慈，二曰俭⑦，三曰不敢为天下先。慈故能勇⑧，俭故能广⑨，不敢为天下先，故能成器长⑩。今舍慈

①毫末：细小的萌芽。　②累土：堆土。　③我道大：我的道博大精深。　④似不肖：不像具体的事物。肖，相似之意。　⑤若肖，久矣其细也夫：如果它像具体的事物的话，早就渺小了。　⑥三宝：三件法宝，或三条原则。　⑦俭：啬，保守，有而不尽用。　⑧慈故能勇：仁慈所以能勇武。孟子说："仁者无敌。"　⑨俭故能广：俭啬所以能厚广。一般人节俭则家富，国君节俭则民殷。　⑩器长：万物的首长。器，指万物。

且①勇，舍俭且广，舍后且先，死矣。夫慈，以战则胜，以守则固。天将救之，以慈卫之。

——《道德经》第六十七章

## 小国寡民

老子梦想回到"小国寡民"的原初状态。"结绳记事"也好，"民至老死不相往来"也好，都只是对当时吞并攻战之乱世的一种精神反抗。

小国寡民②，使民有什伯人之器③而不用，使民重死而不远徙。虽有舟舆④，无所乘之；虽有甲兵⑤，无所陈之。使民复结绳而用之。甘其食⑥，美其服⑦，安其居，乐其俗。邻国相望，鸡犬之声相闻，民至老死，不相往来。

——《道德经》第八十章

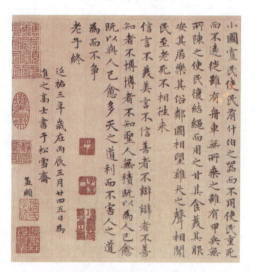

〔元〕赵孟頫　小楷《道德经》（局部）

---

①且：取。　②小国寡民：使国家变小，使人民稀少。小，使……变小。寡，使……变少。　③什伯人之器：一本作"什伯之器"。指十倍百倍于人工的机械，如用收割机，一台机器顶十个人。　④舆：车子。　⑤甲兵：武器装备。　⑥甘其食：让人们有美味的食物。甘，使……甘甜美味。　⑦美其服：让人们有美观的衣服。美，使……美观。

## 二、《论语》

孔子是中国文化的代表，在中国文化史上具有重要地位，现代著名学者柳诒徵在他的《中国文化史》中说："孔子者，中国文化之中心也，无孔子则无中国文化。自孔子以前数千年之文化赖孔子以传，自孔子以后数千年之文化赖孔子而开。"孔子对于世界文化也有重大影响，如提倡改革的日本大臣伊藤博文说："日本明治维新，得力于《论语》的启发。"英国著名史学家汤因比则认为："以孔子为代表的中国文化传到欧洲后，受到许多著名学者的赞扬，推动了欧洲的启蒙运动。"在联合国总部大厅中，孔子的肖像与基督教的耶稣、佛教的释迦牟尼等肖像并列悬挂。

而要想了解孔子，有一部书不能不读，那就是《论语》。《论语》是一部主要记载了孔子及其弟子言行的著作，一般认为是孔子的弟子及其再传弟子编撰而成的。今传《论语》一共二十篇，一万多字，集中展现了孔子的人格风范、政治主张、伦理思想、道德观念及教育原则等。从汉代开始，《论语》就和《孝经》一样是读书人从小必读的一本书。南宋时朱熹将《论语》和《大学》《中庸》《孟子》合编为"四书"，对元明清时期的读书人影响巨大。

### 三省吾身

曾子强调人要有自省精神，经常反思自己的行为，以改过迁善，进德修业。

曾子①曰："吾日三省吾身②——为人谋而不忠③乎？与朋友交而不信④乎？传不习⑤乎？"

——《学而》

---

①曾子：姓曾，名参，字子舆，生于公元前505年，鲁国人，是被鲁国灭亡了的鄫国贵族的后代。曾参是孔子的得意门生，以孝闻名。　②吾日三省（xǐng）吾身：我每天多次反省我自己。　③忠：尽心。　④信：诚实。　⑤习：演习，实习。

## 君子好学

孔子认为，君子不应过分讲究自己的饮食起居，在工作方面应当勤劳敏捷，谨慎小心，多向有道之人学习。

子曰："君子食无求饱，居无求安，敏①于事而慎于言，就有道而正焉②，可谓好学也已。"

——《学而》

## 夫子自道

孔子自述了他学习和修养的过程。从有志学习到随心所欲不超过法度这一过程，是一个随着年龄的增长，思想境界逐步提高的过程。

子曰："吾十有五而志于学，三十而立③，四十而不惑④，五十而知天命⑤，六十而耳顺⑥，七十而从心所欲不逾矩。⑦"

——《为政》

---

①敏：勤勉。　②就有道而正焉：向有德之人看齐，修正自己的行为。就，靠近，看齐。有道，指有道德的人。正，匡正，端正。　③立：站立，此指"站得住"。　④不惑：不被外界事物所迷惑。　⑤天命：指不能为人力所支配的事情。　⑥耳顺：指对那些于己不利的意见也能正确对待。　⑦从心所欲不逾矩：随心所欲而不违背规矩。逾，越过。矩，规矩、法度。

## 学思并重

学习与思考要相辅相成。

子曰："学而不思则罔①，思而不学则殆②。"

——《为政》

## 义利之辨

人生的价值观会导致行为方式的不同。君子、小人的区别就非常明显。

子曰："君子喻③于义，小人喻于利。"

——《里仁》

## 贤哉回也

颜回是孔子最喜爱的学生，他好学深思，能够面对常人难以忍受的贫穷，悠然自得，所以得到孔子的高度赞美。

子曰："贤哉，回④也！一箪⑤食，一瓢⑥饮，在陋巷，人不堪⑦其忧，回也不改其乐。贤哉，回也！"

——《雍也》

---

①罔：迷惑，糊涂。　②殆：疑惑，危险。　③喻：通晓。　④回：颜回，字子渊，在孔子的弟子中以德行高尚著称。　⑤箪（dān）：古代盛饭用的圆形竹器。　⑥瓢：将葫芦剖为二，作为舀水或盛酒的器皿。　⑦不堪：不能忍受。

## 知者与仁者

孔子在分析"智者"和"仁者"的差异时，用自然山水的特点来打比方，这种方式叫比德于物。"岁寒，然后知松柏之后凋也"（《论语·子罕》），也是这种思维方式的表现。

子曰："知①者乐水，仁者乐山。知者动，仁者静。知者乐，仁者寿。"

——《雍也》

## 学而不厌

孔子自叙学习、教人的态度。

子曰："默而识②之，学而不厌③，诲④人不倦，何有于我哉⑤？"

——《述而》

## 举一反三

孔子著名的"启发式"教学。

子曰："不愤⑥不启，不悱⑦不发。举一隅⑧不以三隅反，则不复也。"

——《述而》

①知：同"智"，智慧的。　②识（zhì）：同"志"，记住。　③厌：满足。　④诲：教诲。
⑤何有于我哉：对我来说有什么呢？　⑥愤：苦思冥想而仍然领会不了。　⑦悱（fěi）：想说又不能明确说出来。　⑧隅（yú）：角落。

## 三人行

孔子认为我们不仅要以善者为师，而且应以不善者为戒，从正反两方面吸取经验教训，这对我们修身养性、待人处事、增长知识，都是有益的。

子曰："三人行，必有我师焉：择其善①者而从之，其不善者而改之。"

——《述而》

## 循循善诱

颜渊极力推崇自己的老师，孔子"循循善诱"的教学方法也成为日后为人师者所遵循的原则之一。

颜渊喟然②叹曰："仰之弥③高，钻④之弥坚。瞻⑤之在前，忽焉在后。夫子循循然善诱人⑥，博我以文，约我以礼，欲罢不能。既竭吾才，如有所立卓尔⑦。虽欲从之，末由⑧也已。"

——《子罕》

## 三达德：知、仁、勇

在儒家传统道德中，智、仁、勇是三个重要的范畴。《礼记·中庸》说："知、仁、勇三者，天下之达德也。"孔子希望自己的学生能具备这三德，成为真正的君子。

---

①善：好的。　②喟（kuì）然：叹息的样子。　③弥：更加，越发。　④钻：钻研。　⑤瞻（zhān）：视、看。　⑥循循然善诱人：循序渐进善于诱导人。循循然，有次序地。诱，劝导，引导。　⑦卓尔：高大、超群的样子。　⑧末由：无路可走，这里是没有办法的意思。末，无，没有。由，途径，路径。

子曰："知者不惑，仁者不忧，勇者不惧。"

——《子罕》

## 以身作则

孔子强调执政者要严格要求自己，这样会政令顺畅，风清气正。

子曰："其身正，不令而行；其身不正，虽令不从。"

——《子路》

## 工欲善其事，必先利其器

"磨刀不误砍柴工"，孔子以此作比喻，说明修养仁德的方法，首先要事奉贤者，结交仁者，以此砥砺品行，进德修养。

子贡问为仁。子曰："工欲善其事，必先利其器。居是邦也，事其大夫之贤者，友其士之仁者。"

——《卫灵公》

## 君子有三戒

孔子对人生从少年到老年不同阶段需要注意的问题提出了忠告。

孔子曰："君子有三戒：少之时，血气未定，戒之在色①；及其壮也，血气方刚，戒之在斗②；及其

---

①色：女色。　②斗：斗殴。

老也，血气既衰，戒之在得①。"

——《季氏》

## 学而知之

获得智慧的途径大约只有学习。

孔子曰："生而知之者，上也；学而知之者，次也；困而学之，又其次也；困而不学，民斯为下矣。"

——《季氏》

## 君子有九思

孔子说："人无远虑，必有近忧。"又喜欢"临事而惧，好谋而成者"。这里所谈的"君子有九思"，考虑到了人的言行举止的方方面面。我们在生活中也可以此为标准，反思、修正我们自己的行为。

孔子曰："君子有九思：视思明，听思聪，色思温，貌思恭，言思忠，事思敬，疑思问，忿思难②，见得思义。"

——《季氏》

---

①得：贪得无厌。　②忿思难：发怒时要考虑后患。

## 兴观群怨

孔子非常重视对《诗》的学习，甚至认为"不学《诗》，无以言"。这里他强调了学习《诗经》的特殊功用。

　　　　子曰："小子何莫学夫《诗》①？《诗》，可以兴②，可以观③，可以群④，可以怨⑤。迩⑥之事父，远之事君；多识于鸟兽草木之名。"

——《阳货》

---

①《诗》：即《诗经》。　②兴：激发感情。　③观：观察了解天地万物与人间万象。　④群：合群。　⑤怨：讽谏上级，怨而不怒。　⑥迩（ěr）：近。

# 文史知识

## 一、道家

　　道家是中国古代思想流派之一，以道为世界的本原，故名为道家。道家学派的创始人为老子，其主要代表人物还有杨朱、庄子、彭蒙、田骈等，主要著作除了《老子》《庄子》《文子》(该书长期被视为伪书，但七十年代出土的秦汉简牍中出现了该书，从而证实了其真实性)外，还有《黄帝四经》《列子》《慎子》等虽系伪托，但内容上与道家思想较为贴近、符合的著作。

　　道家以"道"为世界的本体和本原，以柔弱因循为道的作用，认为天道无为，主张道法自然，提出无为而治、以柔克刚等政治、军事策略，具有朴素的辩证法思想，在"诸子百家"中是一个极为重要的哲学流派，对中国文化产生了巨大的影响。

　　道家学派在战国时期到西汉初期，与法家、阴阳家等学派思想融合形成所谓"黄老之学"。黄老之学是一种经世之学，认为"贵清静而民自定"，主张君主治国"无为而治"，要"省苛事，薄赋敛，毋夺民时"，西汉初年以黄老之学治国，故有"文景之治"。东汉时期，道家学说又与某些方术思想结合形成了追求长生成仙的道教，道教奉老子为太上老君，是中国本土形成的唯一具有较大规模的宗教。魏晋时期又出现了"祖述老庄"的玄学，《老子》《庄子》与《周易》并称为"三玄"。

　　道家"道生一，一生二，二生三，三生万物"宇宙论体系，与《易传》所提出的"易有太极，是生两仪，两仪生四象，四象生八卦"类似。因此，借助《易经》，儒道之间存在思想根源上的通路，其融合也成为可能。

## 二、儒家

　　儒家是中国古代最有影响的思想学派。春秋末期的孔子是儒家学派的创始人。战国时期，孟子发展了孔子的仁学，提出仁政学说，荀子则发展了孔子的礼学，主张隆礼重法。西汉时期，汉武帝接受董仲舒"罢黜百家，独尊儒术"的建议，儒家传习的《诗》《书》《礼》《易》《春秋》被尊为五经，成为治国应该遵循的经典，形成了两汉经学。北宋以后，儒家又融合佛、道两家思想形成一种新儒学，新儒学大体分为以程颢、程颐、朱熹为代表的"程朱理学"和以陆象山、王阳明为代表的"陆王心学"。

简单来说，儒家思想可以用《庄子·天下篇》的"内圣外王"一词来概括。汉唐儒学标举"周孔"，即周公与孔子，偏于修己治人，是所谓"外王"之学；宋明新儒学则标举"孔孟"，即孔子与孟子，偏于明心见性，是所谓"内圣"之学。当然，"内圣外王"并非判然两分，而是相辅相成的。

自汉代以来，儒家学说对于中国政治制度、社会风俗、文化艺术、学术思想都具有广泛而深远的影响，中国文化的深层观念中，无不打着儒家思想的烙印。

## 三、四书五经

四书五经是"四书"和"五经"的合称，是儒家的核心经典。

"五经"指《诗》《书》《礼》《易》和《春秋》这五部相传都经过孔子整理修订的著作，是儒家的基本经典。《庄子·天下篇》首先将《诗》《书》《礼》《易》《乐》《春秋》并称为"六经"，后来因为《乐经》散佚，仅有《乐记》一篇留传下来，收在《礼记》中，所以到汉代只有"五经"。

"四书"即《论语》《大学》《中庸》《孟子》四部书，它们分别出于早期儒家的四位代表性人物——孔子、曾参、子思、孟子，所以称为"四子书"，简称"四书"。其中，《论语》《孟子》分别是孔子、孟子及其弟子的言论集，而《大学》《中庸》本是《礼记》中的两篇。南宋著名学者朱熹为这四部书分别作了注释，其中《大学》《中庸》的注释称为"章句"，《论语》《孟子》的注释因为引用他人的说法较多，所以称为"集注"，并把它们合编为《四书章句集注》，简称"四书集注"。关于四书的阅读次序，朱熹说："先读《大学》，以定其规模；次读《论语》，以立其根本；次读《孟子》，以观其发越；次读《中庸》，以求古人之微妙处。"可以参考。

　　"四书五经"是儒家学派的核心经典，同样也是中国文化的核心经典。学习"四书五经"，对于了解我们的历史文化，认识当今社会，乃至提升个人的品德修养，都具有重要意义。

## 思考与练习

一 《论语》语言精辟，富有哲理，很多成语源于此。请调动你的知识积累或查阅资料，写出源自《论语》的二十个成语。

二 孔子的理想人格是君子，他鄙视小人。根据孔子在《论语》中的论述，谈谈君子和小人的区别。

三 孔子被誉为"至圣先师"，是中国历史上最伟大的教育家，搜集资料，谈谈孔子的教育思想。

四 儒、道两家，我们一般较为关注它们之间的差异，可以参考选文部分，也可以自己去查找原著，谈谈它们之间最显著的不同在哪里；如果感兴趣，还可以再想想它们有什么共同点或相似点，并与大家分享交流你自己的思考结果。

# 第三单元
# 百家争鸣的盛况
## ——诸子散文（下）

**单元导读**

　　许多民族都有自己独特的智慧，许多民族都有自己曾经的辉煌。

　　战国时期，诸侯纷立，战乱不已，面对前所未有的动乱和看起来不可阻挡的新时代，许多人都在思考，试图安顿这个世界，为改造这个不合理的世界提出自己的主张和设想，因此不断催生新的思想学派。而各诸侯国君主也对不断变化的局势深感忧虑，他们对于名存实亡的周王室也失去了最后的信心，开始担忧起新秩序中自己国家扮演的角色和所处的地位，因此，他们努力延揽各派学者，为他们的发展提供支持，力图使自己不落后于这个瞬息万变的时代。一时间，各种学派如雨后春笋，纷纷兴起，历史上把这种生动活泼的局面称为"百家争鸣"。当时比较重要的学派有儒、墨、道、法、名、阴阳六家。此外，还有兵家、农家、纵横家、杂家等。我们在看到各家独立思考、彼此攻讦的同时，也应该注意到，战国时期各学派的学术思想随着人的流动而迅速传播，因此，各家之间实际上处于一个不断交流的空间之中。换言之，他们的思想并不是孤立产生的，而是处于一个"接触—论辩—回应—吸收—融合"的动态发展过程之中。这才是战国思想大爆炸的根本原因。

百家的学者，以他们广阔的视野，深厚的底蕴，睿智的思想，独特的语言，打造了我们民族文化史上的华彩乐章，铸造了我们民族思想史上的一个黄金时代。

本单元选取了《荀子》《韩非子》《孙子兵法》和《吕氏春秋》四部子书中的篇章，让大家感受儒家、法家、兵家和杂家之间的异同。

## 一、《荀子》

荀子（约前313—前238），名况，战国后期赵国人，时人尊称为荀卿。年五十，始游学于齐国，曾在齐国首都临淄（今山东淄博市）的稷下学宫任祭酒。因遭谗而到楚国，任兰陵（在今山东临沂）令。以后失官家居，著书立说，死后葬于兰陵。韩非、李斯均是他的学生。

荀子是一位儒学大师，在吸收法家学说的同时发展了儒家思想。他尊王道，也称霸力；崇礼义，又讲法治；在"法先王"的同时，又主张"法后王"。孟子主"性善"论，强调养性；荀子主"性恶"论，强调后天的学习以"化性起伪"。这些都说明他与嫡传的儒学有所不同。他还提出了人定胜天，反对宿命论，万物都循着自然规律运行变化等朴素唯物主义观点。荀子的文章擅长说理，组织严密，分析透辟，善于取譬，常用排比句增强议论的气势，语言富赡警炼，有很强的说服力和感染力。

### 劝学（节选）

学习，可以提高人的素养，提升人的才干。历代以来，凡是重视人的社会性的学派，几乎都会将鼓励学习（后天习得）视作自己学说的重要基础之一。

吾尝终日而思矣，不如须臾①之所学也，吾尝跂②而望矣，不如登高之博见也。登高而招，臂非加

———————————

①须臾（yú）：片刻，一会儿。　②跂（qì）：踮起脚。

长也，而见者远；顺风而呼，声非加疾①也，而闻者彰②。假舆马者③，非利足也，而致千里；假舟楫者，非能水也，而绝④江河。君子生非异也，善假于物也。

## 天论（节选）

自然的变化是有一定规律的，它是不以人的意志转移的，人们要尊重自然，遵循规律。

天行有常⑤，不为尧存，不为桀亡⑥。应⑦之以治则吉，应之以乱则凶。强本⑧而节用，则天不能贫；养备而动时⑨，则天不能病；修道而不贰⑩，则天不能祸。故水旱不能使之饥渴，寒暑不能使之疾，祆怪⑪不能使之凶。本荒而用侈，则天不能使之富；养略而动罕⑫，则天不能使之全；倍道⑬而妄行，则天不能使之吉。故水旱未至而饥，寒暑未薄⑭而疾，祆怪未至而凶。受时与治世同，而殃祸与治世异，不可以怨天，其道然也。故明于天人之分，则可谓至人矣。

不为而成，不求而得，夫是之谓天职⑮。如是者，虽深，其人不加虑焉；虽大，不加能焉；虽精，

①疾：这里指声音洪大。　②彰：明显，清楚。　③假舆马者：凭借车马赶路的人。假，凭借，借用。　④绝：渡过。　⑤天行有常：天道运行有不变的规律。常，不变，定数，自然界的运行规律。　⑥尧：传说中上古的圣君。桀：夏代最后一个君主，荒淫无道的恶君。　⑦应：承接，对应。　⑧本：指农业。古代以农桑立国，故谓之本，工商则谓之末。　⑨养备而动时：养生之具齐备，按时令劳动。养，养生之具，即衣食之类。备，充足。动时，动之以时，这里指役使百姓不违背时令。　⑩修道而不贰：专心致志地修道。贰，三心二意，不专心。　⑪祆怪：指自然灾害和自然界的变异现象。祆，同"妖"。　⑫养略而动罕：养生之具不足又很少劳动。　⑬倍道：违背规律。倍，通"背"，违背。　⑭薄：迫近。　⑮"不为"三句：不刻意去做就有所成就，不刻意追求就能够获得，这就是上天的职能。

不加察焉：夫是之谓不与天争职。天有其时，地有其财，人有其治，夫是之谓能参。舍其所以参而愿其所参，则惑矣。

## 乐论（节选）

儒家继承了上古以来的礼乐传统。孔子非常喜欢音乐，曾经"在齐闻《韶》，三月不知肉味"。从《乐论》看，儒家为什么重视音乐呢？

君子以钟鼓道志，以琴瑟乐心。动以干戚①，饰以羽旄②，从以磬管。故其清明③象天，其广大象地，其俯仰周旋有似于四时④。故乐行而志清，礼修而行成，耳目聪明，血气和平，移风易俗，天下皆宁，美善相乐。故曰：乐者，乐也⑤。君子乐得其道，小人乐得其欲。以道制欲，则乐而不乱；以欲忘道，则惑而不乐。故乐者，所以道乐也。金石丝竹⑥，所以道德也。乐行而民乡方矣⑦。故乐者，治人之盛者也，而墨子非之⑧。

## 二、《韩非子》

韩非（约前281—前233），战国末期韩国（今河南省新郑）公子（即国君之子），我国古代著名的哲学家、思想家、政论家和散文家，后世称"韩非子"。韩

---

①干戚：古代兵器。干，盾牌。戚，斧子。 ②羽旄：指舞蹈用的道具。羽，野鸡毛。旄，旄牛的尾巴。 ③清明：音乐的声音清脆敞亮。 ④四时：四季。这里指音乐节奏的起伏变化像四季轮转一样。 ⑤乐（yuè）者，乐（lè）也：音乐，就是让人快乐的东西。 ⑥金石丝竹：指钟、磬、弦乐、管乐等乐器。 ⑦乡（xiàng）方：归向正道。乡，同"向"。方，方向，道路。 ⑧墨子非之：墨家主张"非乐"。

非与李斯同师荀卿，他继承和发展了荀子的法术思想，同时又吸取了他以前的法家学说，提出"以法为主"，法、术、势结合的理论，成为法家的集大成者。韩非多次上书劝韩王变法图强，不被采纳，于是发愤著书立说，后为秦王政所知，秦王写信给韩王强邀其出使秦国。韩非在秦遭李斯、姚贾诬害，死于狱中。今存《韩非子》五十五篇。

## 说难（节选）

让别人理解自己的观点难，让帝王接受自己的观点更难。要揣摩对方的需求，把握对方的心理，弄不好，自己的身家性命都难保啊。

昔者郑武公[1]欲伐胡，故先以其女妻[2]胡君以娱其意，因问于群臣："吾欲用兵，谁可伐者[3]？"大夫关其思对曰："胡可伐。"武公怒而戮[4]之，曰："胡，兄弟之国也。子言伐之，何也？"胡君闻之，以郑为亲己，遂不备[5]郑。郑人袭胡，取之。宋有富人，天雨[6]墙坏。其子曰："不筑，必将有盗。"其邻人之父亦云。暮而果大亡[7]其财。其家甚智[8]其子，而疑邻人之父。此二人说者皆当矣，厚者为戮，薄者见疑，则非知之难也，处之则难也。故绕朝[9]之言当矣，其为圣人于晋而为戮于秦也，此不可不察。

①郑武公：春秋初期郑国君主。　②妻：嫁给……为妻。　③谁可伐者：哪国可以讨伐？　④戮：杀。　⑤备：防备，戒备。　⑥雨：下雨。　⑦亡：丢失。　⑧智：以……为聪明。　⑨绕朝：春秋时人名，曾看破晋人骗回士会的计策，事见《左传·文公十三年》。

# 扁鹊见蔡桓公

任何时候，都要防患于未然，千万不能讳疾忌医。

　　扁鹊见蔡桓公，立有间①，扁鹊曰："君有疾在腠理②，不治将恐深。"桓侯曰："寡人无疾。"扁鹊出，桓侯曰："医之好治不病以为功。"居十日，扁鹊复见曰："君之病在肌肤，不治将益深。"桓侯不应。扁鹊出，桓侯又不悦。居十日，扁鹊复见曰："君之病在肠胃，不治将益深。"桓侯又不应。扁鹊出，桓侯又不悦。居十日，扁鹊望桓侯而还③走，桓侯故④使人问之。扁鹊曰："病在腠理，汤熨⑤之所及也；在肌肤，针石⑥之所及也；在肠胃，火齐⑦之所及也；在骨髓，司命之所属⑧，无奈何也。今在骨髓，臣是以无请也。"居五日，桓侯体痛，使人索扁鹊，已逃秦矣。桓侯遂死。故良医之治病也，攻之于腠理。此皆争之于小者也。夫事之祸福亦有腠理之地，故曰圣人蚤⑨从事焉。

——《喻老》

---

①有间：一会儿。　②腠（còu）理：中医指皮肤等的纹理和皮下肌肉的空隙。　③还：通"旋"，这里指掉头就走。　④故：特意。　⑤汤：热水，指用热的药汤浸泡。熨（wèi）：用药物热敷。⑥针：指中医治病用的针具。石：指砭石，像针样的石头，又名石针、针石。　⑦火齐（jì）：汤剂。齐，通"剂"。　⑧司命之所属：司命所管的事。司命，传说中主宰生死的神。　⑨蚤：通"早"。

# 曾子杀猪

曾子为了不失信于小孩，竟真的把猪杀了煮给孩子吃，目的在于用诚实守信的人生态度去教育后代、影响后代。体现了儒家"主忠信"的道德理念。

曾子之妻之市①，其子随之而泣，其母曰："女②还，顾反为女杀彘③。"妻适市来④，曾子欲捕彘杀之。妻止之曰："特与婴儿戏耳⑤。"曾子曰："婴儿非与戏也。婴儿非有知也，待⑥父母而学者也，听父母之教。今子欺之，是教子欺也。母欺子，子而不信其母，非以成教也。"遂烹⑦彘也。

——《外储说左上》

①曾子之妻之市：曾子的妻子到集市去。之，前一个作助词"的"，后一个作动词"去"。 ②女：通"汝"，你。 ③顾反为女杀彘（zhì）：等我回来给你杀猪吃。顾，等待。反，通"返"，返回。 ④适市来：去集市上回来。适，往，到，去。 ⑤特与婴儿戏耳：只是跟小孩开玩笑罢了。特，只不过，只是。戏，玩笑，戏弄。 ⑥待：依赖。 ⑦烹（pēng）：煮。

## 三、《孙子兵法》

《孙子兵法》又称《孙武兵法》《吴孙子兵法》《孙子兵书》《孙武兵书》等，是中国古典军事文化遗产中的璀璨瑰宝，是中华优秀文化传统的重要组成部分，是世界三大兵书之一，其内容博大精深，思想精邃富赡，逻辑缜密严谨。

《孙子兵法》简牍

## 计篇（节选）

战争的目的是获胜，要根据敌我双方的不同情况，灵活采用包括诡诈、欺骗等一切手段，以误导对手、削弱对手，控制和夺取战场的主动权，创造最有利于我而不利于敌的作战态势。

兵者，诡道①也。故能而示之不能②，用而示之不用，近而示之远，远而示之近。利而诱之③，乱而取之，实而备之，强而避之，怒而挠之④，卑而骄之，佚而劳之⑤，亲而离之，攻其无备，出其不意。此兵家之胜⑥，不可先传⑦也。

①诡道：指欺诈的方法和计谋。诡，欺诈。道，这里作途径解，引申为方法、计谋。　②故能而示之不能：有能力却表现出没有能力。能，有能力。示，表现、显示。　③利而诱之：敌人贪利，就用利诱惑它。　④怒而挠之：敌人易怒，就骚扰它。挠，挑逗。　⑤佚而劳之：敌人体力充沛，就使它疲劳。佚，安逸。　⑥胜：奥妙。　⑦先传：预先传授。

# 谋攻篇

战争不是都要军队、武器，可以以智谋攻城，要采用各种手段使守敌投降。

孙子曰：凡用兵之法：全国①为上，破国次之；全军②为上，破军次之；全旅为上，破旅次之；全卒为上，破卒次之；全伍为上，破伍次之。是故百战百胜，非善之善者③也；不战而屈人之兵，善之善者也。

故上兵伐谋④，其次伐交⑤，其次伐兵⑥，其下攻城。攻城之法为不得已。修橹轒辒⑦，具器械，三月而后成；距闉⑧，又三月而后已。将不胜其忿而蚁附之⑨，杀士三分之一而城不拔者，此攻之灾也。

故善用兵者，屈人之兵而非战也⑩，拔人之城而非攻也，毁人之国而非久也。必以全争于天下，故兵不顿⑪而利可全，此谋攻之法也。

故用兵之法：十则围之⑫，五则攻之，倍则分之，敌⑬则能战之，少则能逃之，不若则能避之。故小敌之坚，大敌之擒也⑭。

①全国：完整地占有别国的领土。全，完整、完全，这里作动词，指完全地占有。　②军：春秋时期的军队编制，每军为12500人。后文"旅""卒""伍"亦为春秋时期军队的编制，每旅为500人，每卒为100人，每伍5人。　③善之善者：好中最好的。　④上兵伐谋：最上乘的用兵方法是用智谋取胜。上，上等最好的。兵，指用兵方法。　⑤交：外交。　⑥兵：军队，兵力。　⑦修：建造。橹：攻城时用于窥探敌情的没有顶盖的望楼，也叫楼橹。轒辒（fén wēn）：一种用皮甲装护的运兵车。　⑧距闉（yīn）：为攻城而堆积的土山。可用于攻守或瞭望。闉，通"堙"，土山。　⑨蚁附：像蚂蚁一样爬墙攻城。附，依附。　⑩屈人之兵而非战也：不采用直接交战的办法而迫使敌人屈服。　⑪顿：通"钝"，指士兵疲惫、受挫。　⑫十则围之：兵力十倍于敌就包围敌人。　⑬敌：对等，相当，这里指与对方兵力相当。　⑭小敌之坚，大敌之擒也：弱小的部队坚持硬拼，就会被强大的敌人俘虏。

夫将者，国之辅也。辅周则国必强，辅隙则国必弱①。故君之所以患于军者三：不知军之不可以进，而谓之进；不知军之不可以退，而谓之退，是谓縻军②。不知三军③之事而同三军之政者，则军士惑④矣；不知三军之权而同三军之任，则军士疑矣。三军既惑且疑，则诸侯之难至矣，是谓乱军引胜⑤。

　　故知胜有五：知可以战与不可以战者胜，识众寡之用者胜，上下同欲者胜，以虞⑥待不虞者胜，将能而君不御者胜。此五者，知胜之道也。

　　故曰：知彼知己者，百战不殆⑦；不知彼而知己，一胜一负；不知彼不知己，每战必殆。

## 四、《吕氏春秋》

　　《吕氏春秋》又名《吕览》，是秦国丞相吕不韦会集门客所编的一部百科全书式的传世巨著。此书共分为十二纪、八览、六论，共十二卷，一百六十篇，二十余万字。内容涵盖广泛，上应天时，下观地利，中察人情，吕不韦自己认为其中包括了天地万物古往今来的事理，所以号称《吕氏春秋》。《吕氏春秋》以道家思想为基调，坚持无为而治的行为准则，用儒家伦理定位价值尺度，吸收墨家的公正观念、名家的思辨逻辑、法家的治国技巧，加上兵家的权谋变化和农家的地利追求，形成一套完整的国家治理学说。

第三单元　百家争鸣的盛况——诸子散文（下）

---

①辅隙则国必弱：辅助有缺陷，那么国家一定软弱。　②縻（mí）军：束缚军队的行动。縻，羁縻。　③三军：指我国古代作战设置的上、中、下或左、中、右三军，亦可泛指军队。　④惑：困惑。　⑤是谓乱军引胜：这就是自乱军队，导致敌人的胜利。引，招致。　⑥虞：有准备。　⑦殆：危亡，危险。

# 尽数（节选）

古代人非常注重养生之道，认为延年益寿的关键在于"去害"和"知本"。

  天生阴阳、寒暑、燥湿，四时之化，万物之变，莫不为利，莫不为害。圣人察阴阳之宜，辨万物之利以便生，故精神安乎形，而年寿得长焉。长也者，非短而续之也，毕其数①也。毕数之务，在乎去害。何谓去害？大甘、大酸、大苦、大辛、大咸，五者充形②则生害矣。大喜、大怒、大忧、大恐、大哀，五者接神③则生害矣。大寒、大热、大燥、大湿、大风、大霖④、大雾，七者动精⑤则生害矣。故凡养生，莫若知本，知本则疾无由至矣。

  ……

  凡食，无强厚味，无以烈味重酒，是以谓之疾首⑥。食能以时⑦，身必无灾。凡食之道，无饥无饱，是之谓五藏之葆⑧。口必甘味，和精端容，将⑨之以神气。百节虞欢⑩，咸进受气。饮必小咽，端直无戾⑪。

---

①数：指寿数，人的自然寿命。 ②充形：充塞身体。 ③接神：与人的精神相接触。 ④霖：连续下大雨。 ⑤动精：扰动人体内的精气。 ⑥疾首：导致生病的源头。 ⑦以时：按时。 ⑧五藏之葆：能让五脏安宁，即保持脏腑调和。五藏即五脏，指心、肝、脾、肺、肾。葆，通"保"，安宁。 ⑨将：养。 ⑩百节虞欢：让身体关节舒适。百节，周身关节。虞欢，舒适愉快。 ⑪端直无戾（lì）：坐姿端正，不弯腰曲背。戾，弯曲。

## 孝行（节选）

孝道是人事、社会、道德赖以存在的基础，是治国之本。孝敬父母，天经地义。

一曰：凡为<sup>①</sup>天下，治国家，必务本而后末。所谓本者，非耕耘种殖之谓，务其人也。务其人，非贫而富之，寡而众之<sup>②</sup>，务其本也。务本莫贵于孝。人主孝则名章荣<sup>③</sup>，下服听，天下誉。人臣孝则事君忠，处官廉，临难死；士民孝则耕芸疾<sup>④</sup>，守战固，不罢北<sup>⑤</sup>。夫孝，三皇五帝之本务，而万事之纪也。

夫执<sup>⑥</sup>一术而百善至、百邪去、天下从者，其惟孝也。故论人必先以所亲而后及所疏，必先以所重而后及所轻。今有人于此，行于亲重而不简慢<sup>⑦</sup>于轻疏，则是笃谨孝道，先王之所以治天下也。故爱其亲不敢恶人<sup>⑧</sup>，敬其亲不敢慢人。爱敬尽于事亲，光耀加于百姓，究于四海，此天子之孝也。

## 察今（节选）

治国理政之法，须因时代、实践的发展而变化，与时俱进。

凡先王之法，有要于时<sup>⑨</sup>也。时不与法俱至，法

---

①为：做，这里是治理的意思，与下句的"治"义同。　②非贫而富之，寡而众之：不是让贫困的地方富贵起来，不是让人口少的地方人口多起来。　③章荣：显赫荣耀。章，通"彰"。　④疾：尽力，努力。　⑤北：失败逃亡。　⑥执：执行。　⑦简慢：怠慢。　⑧恶（wù）人：惹人讨厌。恶，厌恶。　⑨要（yāo）于时：与时代相合。要，合。

虽今而至，犹若不可法。故择<sup>①</sup>先王之成法，而法其所以为法。先王之所以为法者，何也？先王之所以为法者，人也，而己亦人也。故察己则可以知人，察今则可以知古。古今一也，人与我同耳。有道之士，贵以近知远，以今知古，以益<sup>②</sup>所见知所不见。故审堂下之阴<sup>③</sup>，而知日月之行、阴阳之变；见瓶水之冰，而知天下之寒、鱼鳖之藏也；尝一脔肉<sup>④</sup>，而知一镬<sup>⑤</sup>之味、一鼎之调。

荆<sup>⑥</sup>人欲袭宋，使人先表<sup>⑦</sup>澭水。澭水暴益<sup>⑧</sup>，荆人弗知，循表而夜涉，溺死者千有余人，军惊而坏都舍<sup>⑨</sup>。向其先表之时可导<sup>⑩</sup>也，今水已变而益多矣，荆人尚犹循表而导之，此其所以败也。今世之主法先王之法也，有似于此。其时已与先王之法亏<sup>⑪</sup>矣，而曰"此先王之法也"而法之，以此为治，岂不悲哉？

故治国无法则乱，守法而弗变则悖，悖乱不可以持国<sup>⑫</sup>。世易时移，变法宜矣<sup>⑬</sup>。譬之若良医，病万变，药亦万变。病变而药不变，向之寿民<sup>⑭</sup>，今为殇子<sup>⑮</sup>矣。故凡举事必循法以动，变法者因时而化，若此论则无过务<sup>⑯</sup>矣。

---

①择：通"释"，放弃、丢开。　②益：一本无，疑为衍文。　③阴：指日影、月影。　④一脔（luán）肉：一块肉。脔，通"脟"，切成块状的肉。　⑤镬（huò）：无足的鼎，古代煮肉的器具。　⑥荆：即楚国，这是当时中原诸国对楚国的蔑称。　⑦表：标记。　⑧暴益：突然涨水。暴，突然。益，通"溢"，水满外流。　⑨军惊而坏都舍：军队惊慌忙乱得像房屋崩塌一样。而，这里作"如"解。　⑩导：渡河。　⑪亏：通"诡"，异，不同。　⑫持国：维持国家。　⑬两句意为：随着世代的变换，时间的推移，应该随着形势的变化适当改变制度。　⑭寿民：长寿的人。　⑮殇子：夭折、短命的孩子。　⑯无过务：无错事。务，事。

# 文史知识

## 一、战国七雄

中国古代战国时期七个诸侯国的统称。春秋时期无数次战争使诸侯国的数量大大减少。到战国时期，七个实力最强的诸侯国，是齐、楚、燕、韩、赵、魏、秦，这七个国家被称作"战国七雄"。商鞅变法后，七国之中，以秦国国力最强。除秦国以外，其余六国均在崤山、函谷关以东，因此这六国又称"山东六国""关东六国"。

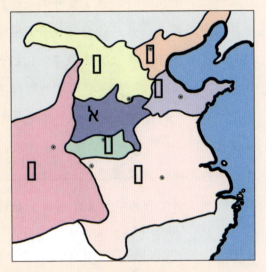

战国七雄形势图

## 二、寓言

我们在讲有些道理时，往往觉得不是太过直白就是难以表达，这时我们往往会通过讲一个包含了这个道理的故事来形象地表述，这个故事当中可能完全不出现要讲的内容，但其内涵却能被我们体会。这是因为，故事与所阐述道理当中的要素关系存在相似性，我们可以将其视为一种广义的、有目的性的比喻。这样的故事我们把它叫做寓言。寓言多为虚构，

有时即使作者极力表明其真实性，但其实不过是一种小说家的狡狯，通过这个看似无关紧要的故事，作者通常寄寓了其真正的写作目的。

寓言在战国时代颇为盛行，因为游说君王、参与论辩，都需要较高的说理技巧，寓言这种形式将论点隐藏起来，以看似无目的、无锋芒，同时贴近听众生活经验的故事作为引子，往往能起到较好的效果。使受众在不知不觉中进入其设计的论辩环境并逐渐产生认同感。在先秦诸子作品中，《庄子》《韩非子》收录寓言最多。《庄子》还创造性地提出了"寓言"这个术语。汉魏以后，在一些作家的创作中，也常常运用寓言讽刺现实。到唐代，柳宗元利用寓言进行散文创作，有意识地通过虚构故事来阐明道理，取得了较高成就。其虚构故事方面，可能受到唐代传奇盛行的影响和启发，其文章形式则采用先秦古文，他的寓言往往在结尾处通过作者的议论主动阐明道理。寓言作为一种文学形式，始终有着旺盛的生命力，后世的小品文（杂文）、儿童文学等创作中普遍使用，就是因为它采取广泛的隐喻，从而增强了文本的意义宽度和阐释空间。

![scroll icon] 思考与练习

● 查阅相关资料，将下面的寓言与出处相连接。

1. 自相矛盾
2. 守株待兔　　　　　　A.《荀子》

3. 刻舟求剑

4. 掩耳盗铃　　　　　　B.《庄子》

5. 滥竽充数
6. 东施效颦　　　　　　C.《韩非子》

7. 枯鱼之肆
8. 浮阳之鱼　　　　　　D.《吕氏春秋》

● 写出下列名句的上句或下句。

1. 锲而舍之，_____；锲而不舍，_____。不积跬步，_____；不积小流，_____。（《荀子》）

2. 学者非必为仕，_____。（《荀子》）

3. 君子生非异也，_____。（《荀子》）

4. 千里之堤，_____。（《韩非子》）

5. 塞翁失马，_____。（《韩非子》）

6. _____，绳不挠曲。（《韩非子》）

7. 兵者，诡道也，故能而示之不能，_____。（《孙子兵法》）

8. 知彼知己，_____；不知彼知己，_____；不知彼不知己，_____。（《孙子兵法》）

9. 上兵伐谋，_____，_____，_____。（《孙子兵法》）

10. _____，户枢不蠹。（《吕氏春秋》）

二　《孙子兵法》被尊为"百世兵家之师"，得到世界很多国家的认可。你能简要阐述《孙子兵法》的主要战术吗？

四　诸子百家你最喜欢哪家？搜索有关资料，举行"我最喜欢的××家"小组分享会。

# 第四单元
# 孤独而伟大的诗人
## ——屈原

单元导读

你知道为什么端午节有吃粽子的习俗吗？

古代人们为什么称诗人为"骚人"呢？

这些都要从屈原说起。

屈原是我国已知最早的著名诗人。他创造性地发展了楚辞这种原本属于楚国的地方性文体，也开创了中国文学中峻洁自怜的传统。

屈原早年受楚怀王信任，任左徒，常与怀王商议国事，参与法律的制定，主张彰明法度，举贤任能，改革政治。同时主持外交事务，主张楚国与齐国联合，共同抗衡秦国。在屈原的努力下，楚国国力有所增强。但由于性格耿直，屈原逐渐被怀王疏远，据说伟大的《离骚》就作于此时。尽管如此，之后他还是参加了出使齐国的重要外交活动。其后，他被逐出郢都，有人说是怀王所为，但也有人认为此时怀王已经客死秦国，是即位的昭襄王所为，总而言之，这次打击是巨大的。

在流放期间，屈原感到孤独而绝望，似乎整个世界都抛弃了他；与此同时，楚国南部保留的巫神传统和神秘风气给了他极大的创作灵感和想象空间，这一虚幻的世界似乎给了落魄的屈原以精神家园之感，他努力将自己的才华投射其中，使其作品文字绮丽，想象奇绝。他似乎在诗歌世界中找到了暂时的安憩之所，然而，郢都被秦军攻占成为压垮他脆弱灵魂的最后一根稻草，屈原在绝望中怀石投汨罗江而死。他的自杀具有极强的象征意义，这说明，一方面，他的楚辞创作是其生命能量外现及其孤独郁闷发泄的途径，而不是疗救其心灵创伤的良药，他发展了所谓"诗可以怨"的北方传统，使其成为一种个人情绪表达的有效途径；另一方面，他的死也昭示着中国文学传统中那不与异己世界妥协的一支正式登场。

读屈原，就是读他那种执著的精神，明白一个人在世界上要坚持自我是多么困难。本单元选取的都是经研究确为屈原本人的作品。

# 选文部分

## 离骚（节选）

　　《离骚》是屈原的代表作。司马迁在《史记·屈原贾生列传》中说"离骚者，犹离忧也"，就是遭遇忧愁的意思。在这首长诗中，屈原叙述了自己为追求美政理想而经历的打击和痛苦，表达了自己对楚君的留恋、失望及对故土人民的挚爱，表现了矢志不渝的理想主义精神和洁身自好的高尚情操。在艺术上，《离骚》想象奇伟，瑰丽绚烂，感情深挚，忧愤深广，在浩如烟海的古代诗歌中难以找出第二篇作品与之媲美，这是一篇光耀千古的杰作。

帝高阳①之苗裔兮，朕皇考曰伯庸②。

摄提贞于孟陬兮③，惟庚寅吾以降④。

皇览揆余初度兮⑤，肇锡余以嘉名⑥：

名余曰正则兮，字余曰灵均。

纷吾既有此内美⑦兮，又重之以修能⑧。

扈江离与辟芷兮⑨，纫秋兰以为佩⑩。

汩余若将不及兮⑪，恐年岁之不吾与⑫。

――――――

①高阳：古帝颛顼（zhuān xū）的号。传说颛顼为高阳部落首领，因以为号。　②朕：我。先秦时期无论上下尊卑，皆可称朕，至秦始皇才把"朕"定为帝王的专用第一人称代词。皇考：已经去世的父亲。　③摄提：摄提格的简称，是古代"星岁纪年法"的一个名称。古人把天宫分为十二等份，分别是子、丑、寅、卯、辰、巳、午、未、申、酉、戌、亥，称为十二宫，以太岁（木星）运行的所在来纪年。当太岁运行到寅宫那一年，称"摄提格"，也就是寅年。孟陬（zōu）：正月的别称。　④惟：句首语词。庚寅：古人以干支纪日，指正月里的一个寅日。　⑤皇：指皇考。览：观察，端相。揆：估量、测度。初度：初生之时。　⑥肇：始。　⑦内美：指先天具有的高贵品质。　⑧修能：杰出的才能，这里指后天修养的德能。　⑨扈：拔。江离、辟芷：都是香草。　⑩纫：连缀、编织。佩：佩带。　⑪汩：水流迅速的样子，比喻时间过得很快。不及：赶不上。　⑫与：等待。"不吾与"，即"不与吾"，是否定句宾语提前句式。

朝搴阰之木兰兮<sup>①</sup>，夕揽洲之宿莽<sup>②</sup>。

日月忽其不淹兮<sup>③</sup>，春与秋其代序<sup>④</sup>。

惟<sup>⑤</sup>草木之零落兮，恐美人<sup>⑥</sup>之迟暮。

不抚壮而弃秽兮，何不改此度<sup>⑦</sup>？

乘骐骥<sup>⑧</sup>以驰骋兮，来吾道<sup>⑨</sup>夫先路！

## 湘 君

　　湘君就是湘水的男神，传说舜帝死后葬在湘水发源的苍梧，就是湘君。而舜帝的妃子娥皇、女英听说舜帝去世，自投湘水而死，被楚人奉为湘水女神。本篇主要以湘夫人的口吻写对湘君的追求和怨望。文笔细腻，深情绵邈。

君不行兮夷犹<sup>⑩</sup>，蹇谁留兮中洲<sup>⑪</sup>？

---

①搴（qiān）：拔取。阰（pí）：山岗。　　②宿莽：香草名，和木兰一样，都是能够经受摧折而依旧芬芳的植物，这里用来比喻自己的良好修养。朝、夕是互文，意思是不断提升自我修养，日夜不敢懈怠。　　③日月：指时光。忽：倏忽。淹：久留。　　④代序：代谢，即更替轮换的意思。　　⑤惟：思。　　⑥美人：美好的人，这里应该是作者自喻，也有人认为是比喻君王。　　⑦两句意为：不趁壮年去除那些不好的东西，为什么不改正现在这种制度呢？抚，趁。"何不改此度"，一本作"何不改乎此度也"。　　⑧骐骥：良马。　　⑨道：通"导（導）"，引领。　　⑩夷犹：犹豫不前的样子。　　⑪蹇：发语词，无义。中洲：即洲中。洲，水中的陆地。

美要眇兮宜修①，沛②吾乘兮桂舟。

令沅湘③兮无波，使江水④兮安流！

望夫君兮未来，吹参差⑤兮谁思？

驾飞龙⑥兮北征，遭⑦吾道兮洞庭。

薜荔柏兮蕙绸⑧，荪桡兮兰旌⑨。

望涔阳兮极浦⑩，横大江兮扬灵⑪。

扬灵兮未极⑫，女婵媛⑬兮为余太息。

横流涕兮潺湲⑭，隐思君兮陫侧⑮。

桂棹兮兰枻⑯，斫冰兮积雪⑰。

采薜荔兮水中，搴芙蓉兮木末⑱。

心不同兮媒劳⑲，恩不甚兮轻绝⑳。

石濑兮浅浅㉑，飞龙兮翩翩㉒。

交不忠兮怨长㉓，期不信兮告余以不闲㉔。

鼂骋骛兮江皋㉕，夕弭节兮北渚㉖。

鸟次㉗兮屋上，水周㉘兮堂下。

捐余玦兮江中㉙，遗余佩兮醴浦㉚。

①要眇（yāo miǎo）：美好的样子。宜修：妆扮得恰到好处。　②沛：水势湍急的样子，这里指船行速很快。　③沅湘：沅江、湘江。　④江水：指长江。　⑤参差（cēn cī）：即排箫，相传为舜所造，其状如凤翼之参差不齐，故名参差。　⑥飞龙：指刻画着龙的快船。　⑦遭（zhān）：楚方言，转弯，改变方向。　⑧薜荔（bì lì）：一种蔓生的常绿灌木。柏：或作"拍"，船舱壁。蕙：香草名。绸：通"裯"，指帷帐。　⑨荪：香草名。桡（ráo）：船桨。旌：旗。　⑩涔（cén）阳：地名，在涔水北岸，今湖南省醴县有涔阳浦。极浦：遥远的水边。浦，水边。　⑪灵：舲的借字，指有窗的船。扬灵，划船前进。　⑫极：终极。　⑬婵媛（chán yuán）：缠绵多情的样子。　⑭潺湲（chán yuán）：水不停流动的样子，这里形容流泪之貌。　⑮隐：隐隐，暗中。陫（fěi）侧：悱恻的借字，悲伤的意思。　⑯棹（zhào）：桨。枻（yì）：舵。　⑰斫冰兮积雪：凿冰推雪开路，比喻行路艰难。　⑱这两句意为：求见湘君好像在水中采薜荔（生于陆上），在树上采莲，都是不可能的事。　⑲心不同：指男女双方心里想的不一样。媒劳：媒人徒劳无功。　⑳恩不甚：恩爱不深。轻绝：轻易离别。　㉑石濑（lài）：沙石间的流水。浅浅：水快速流动的样子。　㉒翩翩：轻快飞行的样子。　㉓交不忠：交朋友却不忠诚。怨长：产生的怨恨多。　㉔期：约会。不信：不守信用，不赴约。　㉕鼂（zhāo）：同"朝"，早晨。骋骛（chěng wù）：急速奔走。江皋：江边。　㉖弭（mǐ）节：停车。弭，停。节，鞭。渚（zhǔ）：水中沙洲。　㉗次：栖宿。　㉘周：环绕。　㉙捐：抛弃。玦（jué）：圆形而有缺口的佩玉。玦与"决"同音，有表示决断、决绝之义。　㉚遗：丢下。佩：玉佩。醴浦：澧水之滨。醴，一本作"澧"，水名。

采芳洲兮杜若①，将以遗兮下女②。

时不可兮再得，聊逍遥兮容与③。

## 湘夫人

本篇是以湘君的口吻表现对湘夫人的怀恋与追寻。"嫋嫋兮秋风，洞庭波兮木叶下"，多么令人惆怅的洞庭秋色，诗人善于点染情境，辅以瑰丽多姿的想象，形象生动地展现了人物情感的起伏变化。

帝子④降兮北渚，目眇眇⑤兮愁予。

嫋嫋⑥兮秋风，洞庭波兮木叶下。

白薠⑦兮骋望，与佳期兮夕张⑧。

鸟何萃兮蘋中⑨，罾何为兮木上⑩？

沅有茝⑪兮醴有兰，思公子兮未敢言。

---

①杜若：香草名。　②遗（wèi）：赠与。下女：湘君的侍女。　③聊：姑且。逍遥：徘徊。容与：缓慢不前的样子。　④帝子：湘君称湘夫人之词，因为湘夫人是帝尧的女儿，所以称为帝子。⑤眇眇（miǎo）：极目远视的样子。　⑥嫋嫋（niǎo）：同"袅袅"，微风吹拂的样子，这里形容秋风微弱。　⑦白薠（fán）：一种秋天生长的小草，湖泽岸边多有之。"白"上，一本有"登"字。⑧佳：一本作"佳人"，指湘夫人。张：张罗，为晚上的约会准备。　⑨萃（cuì）：聚集。蘋（pín）：水草名。　⑩罾（zēng）：鱼网。这两句意为：鸟本应归林，为何在水草上？网本应下水捕鱼，何故挂在木上？均为反常现象，喻指追求不顺利。　⑪茝（chǎi）：白芷，香草名。

荒忽①兮远望，观流水兮潺湲。

麋②何食兮庭中？蛟何为兮水裔③？

朝驰余马兮江皋，夕济兮西澨④。

闻佳人兮召予，将腾驾兮偕逝⑤。

筑室兮水中，葺之兮荷盖⑥。

荪壁兮紫坛⑦，播芳椒兮成堂。

桂栋兮兰橑⑧，辛夷楣兮药房⑨。

罔⑩薜荔兮为帷，擗蕙櫋兮既张⑪。

白玉兮为镇⑫，疏石兰兮为芳⑬。

芷葺兮荷屋，缭之兮杜衡⑭。

合百草兮实庭，建芳馨兮庑⑮门，

九嶷⑯缤兮并迎，灵之来兮如云。

捐余袂⑰兮江中，遗余褋⑱兮醴浦。

搴汀洲兮杜若，将以遗兮远者。

时不可兮骤得，聊逍遥兮容与。

①荒忽：同"恍惚"，模糊不清。　②麋（mí）：鹿的一种，像鹿而比鹿大。　③水裔：水边。裔，本义为衣的下摆，引申为边。此两句与"鸟何萃"两句意同，麋鹿本当在山中，却来到庭中；蛟龙本应深潜，却来了水边。　④济：渡。澨（shì）：水边。　⑤腾驾：飞快地驾车。偕逝：同去。　⑥葺（qì）：编茅草盖房子。荷盖：用荷叶盖房。　⑦荪壁：用荪草装饰墙壁。紫坛：用紫贝铺砌的中堂。坛，中庭，楚地方言。　⑧橑（lǎo）：屋椽。　⑨辛夷：一种香木。楣：门上的横梁。药：香草名，又叫白芷。　⑩罔：通"网"，编织。　⑪擗（pǐ）：拆开。櫋（mián）：一本作"槾"（màn），当作幔，指帐顶。张：张挂。　⑫镇：同"瑱"，压坐席用的玉瑱。　⑬疏：铺陈。石兰：香草名。　⑭缭：缠绕。杜衡：一本作"杜蘅"，香草名。　⑮庑（wǔ）：走廊。⑯九嶷：即九疑山，又名苍梧山。这里的九嶷，指九嶷山的众神。　⑰袂（mèi）：衣袖。衣袖无法抛弃，或疑为袟之误，袟是妇女所佩的小囊。　⑱褋（dié）：汗衫。或谓褋之误，指玉环。

少司命是掌管人间吉凶的天神，本篇是祭祀少司命时的乐歌。"悲莫悲兮生别离，乐莫乐兮新相知"两句对仗工稳，凝炼警策，富于哲理意味，可谓千古之绝唱。

秋兰兮糜芜①，罗生②兮堂下。

绿叶兮素枝，芳菲菲兮袭予③。

夫④人自有兮美子，荪⑤何以兮愁苦？

秋兰兮青青⑥，绿叶兮紫茎。

满堂兮美人⑦，忽独与余兮目成⑧。

入不言兮出不辞，乘回风兮载云旗⑨。

悲莫悲兮生别离，乐莫乐兮新相知。

荷衣兮蕙带，倏而来兮忽而逝⑩。

①糜（mí）芜：香草名，七八月间开白花，香气浓郁。　②罗生：并列而生。　③菲菲：形容香气浓郁。袭：指香气扑鼻。予：主祭男觋自称。　④夫（fú）：发语词。　⑤荪：香草名，借指少司命。　⑥青青：通"菁菁（jīng）"，草木茂盛的样子。　⑦美人：指参加祭礼的人们。　⑧目成：两心相悦，眉目传情。　⑨乘回风兮载云旗：以旋风为车，以云为旗。　⑩倏：忽然。逝：离去。

夕宿兮帝郊<sup>①</sup>，君谁须<sup>②</sup>兮云之际？

与女沐兮咸池<sup>③</sup>，晞女发兮阳之阿<sup>④</sup>。

望美人兮未来，临风怳兮浩歌<sup>⑤</sup>。

孔盖兮翠旌<sup>⑥</sup>，登九天兮抚彗星<sup>⑦</sup>。

竦长剑兮拥幼艾<sup>⑧</sup>，荪独宜兮为民正<sup>⑨</sup>。

## 山 鬼

　　本篇是祭祀山神的乐歌，郭沫若认为"采三秀兮於山间"的"於（wū）山"就是巫山，那么这里的山鬼或许就是巫山神女。


若有人兮山之阿<sup>⑩</sup>，被薜荔兮带女萝<sup>⑪</sup>。

既含睇<sup>⑫</sup>兮又宜笑，子<sup>⑬</sup>慕予兮善窈窕。

乘赤豹兮从文狸<sup>⑭</sup>，辛夷车兮结桂旗。

被石兰兮带杜衡，折芳馨兮遗所思。

余处幽篁<sup>⑮</sup>兮终不见天，路险难兮独后来。

表<sup>⑯</sup>独立兮山之上，云容容<sup>⑰</sup>兮而在下。

杳冥冥兮羌昼晦<sup>⑱</sup>，东风飘兮神灵雨。

①帝郊：指天国的郊野。　②须：等待。谁须，即等谁。　③咸池：远古神话中太阳出来洗澡的地方。　④晞（xī）：晒干。阳之阿：或谓即旸谷，《淮南子》："日出于旸谷，浴于咸池。"　⑤怳（huǎng）：失意的样子。浩歌：放声歌唱。　⑥孔盖：孔雀羽毛做的车盖。翠旌（jīng）：用翡翠鸟羽毛做的旌旗。　⑦彗星：俗称扫帚星，古人认为是灾星。　⑧竦（sǒng）：执，举起。幼艾：指少年男女。　⑨民正：万民的主宰。　⑩若有人：仿佛有人。山之阿（ē）：山的曲角，指山坳深处。　⑪被：同"披"。女萝：地衣类隐花植物，又名松萝。萝，一作"罗"。带女萝，即以女萝为衣带。　⑫含睇（dì）：含情微视。睇，微盼，《说文》："目小视也，南楚谓眄曰睇。"　⑬子：你，指山鬼。　⑭赤豹：毛色红褐的豹。文狸（lí）：有花纹的狸。　⑮幽篁（huáng）：幽暗的竹林。　⑯表：特出。表独立，即卓然特立。　⑰容容：通"溶溶"，水流貌，这里形容云气浮动的样子。　⑱杳（yǎo）：深远。冥冥：幽暗。羌：语助词，无义。昼晦：白天昏暗。

留灵修兮憺忘归[1]，岁既晏兮孰华予[2]？

采三秀[3]兮於山间，石磊磊[4]兮葛蔓蔓。

怨公子[5]兮怅忘归，君思我兮不得闲。

山中人兮芳杜若[6]，饮石泉兮荫松柏[7]。

君思我兮然疑作[8]。

雷填填[9]兮雨冥冥，猿啾啾兮又[10]夜鸣。

风飒飒兮木萧萧，思公子兮徒离忧[11]。

## 橘 颂

　　本篇是我国古代较早的一篇咏物诗，诗人通过对橘树"独立不迁"的坚贞品质的歌颂，表现了自己对高洁人格的赞美和坚守。全篇托物言志，构思巧妙，文辞峻洁。

①留灵修：即为灵修而留。灵修，指山鬼思念的人。憺（dàn）：安定。　②岁既晏：指年老。晏，晚。孰华予：谁能让我像花一样鲜美。孰，谁。华，同"花"。　③三秀：灵芝草一年三次开花，故称"三秀"。　④磊磊：乱石堆积的样子。　⑤公子：亦指山鬼思念的人。　⑥芳杜若：像杜若一样芬芳可爱。　⑦饮石泉：饮山石间的泉水。言饮食的芳洁。　⑧然疑作：即半信半疑。然，是，相信。疑，怀疑。作，交作。　⑨填填：雷声。　⑩又：一作"狖"。狖（yòu），黑色长尾猿。　⑪离忧：遭受忧伤。离，通"罹"，遭受。

后皇①嘉树，橘徕服兮②。

受命不迁③，生南国兮。

深固难徙，更壹志④兮。

绿叶素荣⑤，纷⑥其可喜兮。

曾枝剡棘⑦，圆果抟⑧兮。

青黄⑨杂糅，文章烂兮⑩。

精色内白⑪，类可任兮⑫。

纷缊宜修⑬，姱⑭而不丑兮。

嗟尔幼志⑮，有以异兮。

独立不迁⑯，岂不可喜兮！

深固难徙，廓⑰其无求兮。

苏世⑱独立，横而不流兮⑲。

闭心⑳自慎，不终失过㉑兮。

秉德无私㉒，参天地兮。

愿岁并谢㉓，与长友兮。

淑离不淫㉔，梗其有理兮㉕。

年岁虽少，可师长兮。

行比伯夷㉖，置以为像㉗兮。

①后皇：天地的代称。后，后土。皇，皇天。　②徕：同"来"。服：习服，适应。　③受命：受自然之命，即天性。不迁：指不能移栽。迁，迁徙。　④壹志：专心一致。　⑤素荣：白花。　⑥纷：繁茂。　⑦曾枝：犹繁枝。曾，通"增"。剡（yǎn）：尖利。棘：刺。　⑧抟（tuán）：同"团"，圆圆的。⑨青黄：指果实的颜色。　⑩文章：即文采，指橘子的颜色。烂：斑斓绚烂。⑪精色：皮色鲜明。内白：内瓤洁白。⑫类可任兮：类似可以担当重任的人。⑬纷缊（wēn）：茂盛。宜修：美好。　⑭姱（kuā）：美好。　⑮幼志：幼年有志向。　⑯迁：改变。　⑰廓：指胸襟豁达。⑱苏世：醒世。　⑲横：横渡。流：顺流。此句意谓横绝而渡，不随波逐流。⑳闭心：坚贞自守，不为外物动摇。㉑失过：有过失。　㉒秉德无私：操持其德，没有偏私。㉓并谢：共死。　㉔淑：善。离：通"丽"，美丽。淫：放纵，过分。　㉕梗：正直，指橘的枝干。理：纹理，比喻行止有道，有原则。　㉖伯夷：殷末人，因反对武王灭殷，坚决不食周粟，饿死在首阳山。古人把他看做是有节操的人。　㉗像：一本作"象"，榜样，效法的对象。

# 渔 父

本篇叙述的是屈原与渔父的一段对话。渔父大概是一位和光同尘的隐士，他劝屈原与世俗同流，不必深思高举，而屈原则强调宁死也不能"以皓皓之白"而"蒙世俗之尘埃"，这种精神与《离骚》中"伏清白以死直兮"的精神是一致的。

屈原既放①，游于江潭②，行吟泽畔③。颜色④憔悴，形容枯槁⑤。

渔父见而问之曰："子非三闾大夫⑥与？何故至于斯？"

屈原曰："举世皆浊我独清，众人皆醉我独醒，是以见放⑦。"

渔父曰："圣人不凝滞于物⑧，而能与世推移⑨。世人皆浊，何不淈其泥而扬其波⑩？众人皆醉，何不餔其糟而歠其醨⑪？何故深思高举⑫，自令放为⑬？"

屈原曰："吾闻之：新沐者必弹冠⑭，新浴者必振衣⑮。安能以身之察察⑯，受物之汶汶⑰者乎？宁赴湘流，葬于江鱼之腹中。安能以皓皓之白⑱，而蒙

---

①既放：指屈原被楚襄王放逐。　②游于江潭：指在江边漫游。潭：原指深渊，这里指江边。③行吟泽畔：指在大泽边上一边行走，一边吟诗。　④颜色：指脸色。　⑤形容：指体态容貌。枯槁：枯瘦。　⑥三闾大夫：官名，掌管楚国屈、景、昭三姓王族谱牒等事。　⑦见放：被放逐。⑧凝滞于物：凝固停滞受外物的束缚。　⑨与世推移：随从世俗不断改变自己。王逸注为"随俗方圆"，即随波逐流。　⑩淈（gǔ）其泥：搅动泥沙。淈，搅乱。扬其波：扬起水波。此句意为推波助澜，随波逐流。　⑪餔（bū）其糟：吃酒糟。歠（chuò）其醨（lí）：喝薄酒。此句亦随波逐流，变本加厉之意。　⑫深思：指思虑深远。高举：行为高尚，不同于一般世人。深思高举，正是屈原独醒独清的具体表现。　⑬自令放为：让自己遭放逐呢？为，疑问语助词。　⑭新沐者：刚刚洗过头发的人。弹冠：掸去帽子上的灰尘。　⑮新浴者：刚刚洗过澡的人。振衣：抖落掉衣服上的灰尘。　⑯察察：洁白的样子。　⑰汶（mén）汶：昏暗、污浊的样子。　⑱皓皓之白：指纯洁高尚的品格。

世俗之尘埃乎？"

渔父莞尔①而笑，鼓枻②而去。

歌曰："沧浪③之水清兮，可以濯吾缨④。沧浪之水浊兮，可以濯吾足。"

遂去，不复与言。

---

①莞（wǎn）尔：微笑的样子。　②鼓枻（yì）：划动船桨。　③沧浪：水名，在今湖南省境内。
④濯：洗。缨：系结帽子的丝带。

# 一、楚辞

楚辞又写作"楚词"，是一种运用楚地方言声韵、叙写楚地山川人物及历史风情的文学样式。其实"辞"是更早出现的文体，它与占卜、祭祀等活动密切相关；其后，又与外交场合的一些辞令有关。但这些都与文学关系较远，它真正成为一种文学形式与楚地对其创造性的使用密切相关。人们认为，屈原凭借一人之力创造楚辞这种形式的可能性不大，因此楚辞应该与屈原之前的楚歌乃至楚国诸多神灵崇拜所使用的祭祀歌曲、辞令等有关。但屈原是真正使其成为一种诗歌形式的关键人物，东汉的王逸在为《楚辞》进行注释的时候，不止一次提到屈原的有些作品是他在流放地区接触了南楚文化而写成的。有些如《九歌》就是楚地原本既成的曲词，而屈原进行了再创作。又如《天问》在形式上更为古朴，内容也诡谲难辨，其渊源更有可能与楚国流传之神话有关。在很长一段时间内，由于儒家思想强调《诗经》在诗歌起源方面的绝对地位，人们多将楚辞视为《诗经》精神的继承和延续，甚至以儒家思想去解读《离骚》等作品。不可否认，战国时期的楚国受到儒家思想的影响是肯定的，但是就此将楚辞视为对《诗经》作品的学习，却不可信，楚辞是具有其独立起源与发展轨迹的。

西汉时期，统治者本就是楚人，楚歌获得全国性的流行。汉武帝尤其钟爱楚辞，据说朱买臣就因为善于讽诵楚辞而被封为中大夫。其时，楚辞还是一系列作品的泛称，尚未成书。到了西汉末年，刘向把屈原的作品及宋玉的部分作品编辑成集，取名为《楚辞》，共十六卷。其实，书中主要是屈原本人的作品，宋玉的作品处于附属地位，因此我们完全可以将《楚辞》视为一本"屈原集"。而宋玉继承屈原而发展了楚辞，使其铺陈夸饰的一方面得到强调和发展，是从先秦赋过渡到西汉大赋的关键人物。

# 二、端午节

　　农历五月初五端午节，是中华民族古老的传统节日之一。端午也称端五、端阳。关于端午节的由来，据学者闻一多先生的《端午考》和《端午的历史教育》列举的百余条古籍记载及专家考古考证，端午的起源，是中国古代南方吴越民族举行图腾祭祀的节日，比屈原更早。而这个日子一般来说带有不祥的色彩，比如战国时期的孟尝君田文就出生于这一天，据说他的父亲曾经劝说其母亲抛弃他，因为据说这天出生的孩子长大会长到和门户那样高并给父亲带来灾难。好在他的母亲偷偷留下了他，才成就了这位战国四公子之一的传奇。

　　但屈原去世之后，这个日子就与他紧密联系在一起，与原来通过祭祀来祛除不祥结合在一起，成为一个节日。至今，在民俗文化领域，中国民众把端午节的龙舟竞渡和吃粽子等，都与纪念屈原联系在一起。

　　端午节在各地有着不尽相同的习俗。其内容主要有：女儿回娘家，挂钟馗像，迎鬼船，帖午叶符，悬挂菖蒲、艾草，佩香囊，赛龙舟，比武，击球，荡秋千，给小孩涂雄黄，饮用雄黄酒、菖蒲酒，吃咸蛋、粽子和时令鲜果等。这些习俗至今流传中国各地及邻近诸国。

**思考与练习**

一 屈原在《楚辞》中，开创了"香草美人"的叙述传统。在《楚辞》中找一找，屈原歌颂了哪些香草美人？表达了屈原怎样的情操？

二 查一查，《九章》的具体篇目有哪些？大致写了些什么内容？

三 司马迁在《史记》中对屈原的《离骚》给予高度评价：

屈平之作《离骚》，盖自怨生也。《国风》好色而不淫，《小雅》怨诽而不乱。若《离骚》者，可谓兼之矣。上称帝喾，下道齐桓，中述汤、武，以刺世事。明道德之广崇，治乱之条贯，靡不毕见。其文约，其辞微，其志洁，其行廉。其称文小而其指极大，举类迩而见义远。其志洁，故其称物芳；其行廉，故死而不容。自疏濯淖污泥之中，蝉蜕于浊秽，以浮游尘埃之外，不获世之滋垢，皭然泥而不滓者也。推此志也，虽与日月争光可也。

分析一下，司马迁是从哪几个方面来进行评价的？

四 开展一次研讨活动，和同学一起谈谈自己对屈原爱国主义的认识。

# 第五单元

# 究天人之际

——司马迁和《史记》

单元导读

  《史记》是一部体系创新、规模宏大、视野广阔、见识超群的历史巨著，它记述历史时间之长，记载历史人物之多，语言表达之优美，空前绝后，影响深远。

  司马迁，字子长，左冯翊夏阳（今陕西韩城）人。他的父亲司马谈有广博的学问修养，担任太史令，移家长安。司马迁在二十岁那一年开始了漫游生活，以后又因侍从武帝巡狩、封禅，游历了大半个中国，这对他后来著作《史记》有极其重要的意义。

  元封元年（前110），汉武帝东巡，封禅泰山。司马谈因病留在洛阳，临终前，他把自己振兴家族的史学传统及接续孔子之作《春秋》的理想托付给司马迁。三年后，司马迁继任为太史令，他以极大的热情来对待自己的职务，在太初元年（前104），开始了《史记》的写作，直到太始四年（前93）才基本完成。

  《史记》是我国文学和史学上一个划时代的标志。全书一百三十篇，五十二万六千五百字。这部体大思精的史书的贡献和特点主要有这样几个方面：

一、开创了"纪传体"的撰史体例。纪，指本纪，用编年体写成，通常是以帝王的政治活动为记录重心；传，指列传，是一般大臣和各式人物的传记，以人物活动为中心。司马迁在前人基础上，以本纪、表、书、世家、列传五体结构全书，创造了以人物为中心的史书编纂体例，对后世影响很大。

二、开创了无所不包的"大历史"的通史体裁。《史记》之前虽有《左传》这样的编年史，《国语》《战国策》这样的国别史，但还没有一部像《史记》这样贯通从传说中的黄帝一直到汉武帝时期近三千年历史的史书。《史记》的"大历史"不仅体现在时间长，也体现在内容全面。既有《天官书》《河渠书》这样的天文地理知识，也有《礼书》《乐书》这样的典章制度史，还有像《平准书》《货殖列传》这样的经济史，《西南夷列传》《匈奴列传》这样的民族史，充分展现出一种无所不包的"大历史"格局。

三、继承和发扬了秉笔直书的实录精神。班固在《汉书·司马迁传》中说："然自刘向、扬雄博极群书，皆称迁有良史之才，服其善序事理，辨而不华，质而不俚，其文直，其事核，不虚美，不隐恶，故谓之实录。"高度总结了《史记》"不虚美，不隐恶"的实录精神。项羽是司马迁心目中的英雄，因此，司马迁以极大的热情记述了项羽的伟业。但对于项羽的骄傲自大和企图以武力征服天下的致命弱点，司马迁也进行了深刻的批判。

四、刻画了一系列栩栩如生的人物形象。《史记》不仅善于宏大叙事，更善于以精细的笔触描绘场景，刻画人物。垓下悲歌慷慨的霸王柔情万种，易水一去不返的荆轲壮怀激烈，一个场面的刻画就让人印象深刻。《史记》所刻画的人物大多成为家喻户晓的经典人物形象，从中我们既可以看到历史上那些杰出的王侯将相，也可以看到身怀绝技的士人食客、各显神通的先秦诸子、"为知己者死"的刺客、一诺千金的游侠、富比王侯的商人大贾以及医卜、俳优等各类人物的风采。

## 霸王别姬

《项羽本纪》是《史记》中最精彩的篇章之一，它犹如一幅逼真传神的英雄肖像画，让我们在千载之下读之，仍能感觉到西楚霸王的虎虎生气。

　　项王军壁垓下①，兵少食尽，汉军及诸侯兵围之数重②。夜闻汉军四面皆楚歌，项王乃大惊曰："汉皆已得楚乎？是何楚人之多③也！"项王则夜起，饮帐中。有美人名虞，常幸从；骏马名骓④，常骑之。于是项王乃悲歌慷慨，自为诗曰："力拔山兮气盖世，时不利兮骓不逝⑤。骓不逝兮可奈何，虞兮虞兮奈若何⑥！"歌数阕⑦，美人和⑧之。项王泣数行下，左右皆泣，莫⑨能仰视。

　　于是项王乃上马骑，麾下壮士骑从者八百余人，直⑩夜溃围南出，驰走。平明，汉军乃觉之，令骑将灌婴以五千骑⑪追之。项王渡淮，骑能属⑫者百余人耳。项王至阴陵⑬，迷失道，问一田父⑭，田父绐⑮曰

---

①军壁垓（gāi）下：军队驻扎在垓下。壁，古代军营四周的围墙，这里是驻扎的意思。垓下，地名，在今安徽省灵璧县境内。　②数重（chóng）：多重。　③何楚人之多：怎么楚人这么多。④骓（zhuī）：毛色苍白相杂的马。　⑤不逝：因被围困而不能驰骋。逝，奔跑。　⑥奈若何：把你怎么办。　⑦阕：乐曲每终了一次叫一阕。"数阕"就是几遍。　⑧和（hè）：跟随主唱者附和地演唱。　⑨莫：没有人。　⑩直：同"值"，当，趁。　⑪骑（jì）：一人一马称为一骑，下面出现的名词都作此解释。　⑫属（zhǔ）：跟随。　⑬阴陵：秦县名，治所在今安徽省定远县西北。　⑭田父（fǔ）：老农。　⑮绐（dài）：欺骗。

"左"。左，乃陷大泽中。以故汉追及之。项王乃复引兵而东，至东城①，乃有二十八骑。汉骑追者数千人。项王自度②不得脱。谓其骑曰："吾起兵至今八岁矣，身七十余战，所当者破，所击者服，未尝败北，遂霸有天下。然今卒困于此，此天之亡我，非战之罪也。今日固决死，愿为诸君快战，必三胜之，为诸君溃围，斩将，刈③旗，令诸君知天亡我，非战之罪也。"乃分其骑以为四队，四向。汉军围之数重。项王谓其骑曰："吾为公取彼一将。"令四面骑驰下，期④山东为三处。于是项王大呼驰下，汉军皆披靡⑤，遂斩汉一将。是时，赤泉侯为骑将，追项王，项王瞋目⑥而叱之，赤泉侯人马俱惊，辟易⑦数里。与其骑会为三处。汉军不知项王所在，乃分军为三，复围之。项王乃驰，复斩汉一都尉，杀数十百人，复聚其骑，亡其两骑耳。乃谓其骑曰："何如？"骑皆伏曰："如大王言。"

——选自《项羽本纪》

①东城：秦县名，治所在今安徽省定远县东南。　②度（duó）：考虑。　③刈（yì）：割，砍。
④期：约定。　⑤披靡：原指草木随风倒伏，这里比喻军队溃败。　⑥瞋（chēn）目：瞪大眼睛，
表示愤怒。　⑦辟易：倒退的样子。

## 运筹帷幄

　　汉高祖正确地总结了他取得战争胜利的成功经验和项羽失败的教训，即"得人者得天下，失人者失天下"。汉高祖的"三杰"是楚汉战争期间最杰出的人才，也是他最终夺取天下的重要原因。

　　高祖置酒雒阳①南宫。高祖曰："列侯诸将无敢隐朕②，皆言其情③。吾所以有天下者何？项氏之所以失天下者何？"高起、王陵对曰："陛下慢④而侮人，项羽仁而爱人。然陛下使人攻城略地，所降下者因以予之，与天下同⑤利也。项羽妒贤嫉能，有功者害⑥之，贤者疑之，战胜而不予人功，得地而不予人利，此所以⑦失天下也。"高祖曰："公知其一，未知其二。夫运筹策帷帐之中⑧，决胜于千里之外，吾不如子房。镇国家，抚百姓，给馈饷⑨，不绝粮道⑩，吾不如萧何。连百万之军，战必胜，攻必取，吾不如韩信。此三者，皆人杰也，吾能用之，此吾所以取天下也。项羽有一范增⑪而不能用，此其所以为⑫我擒也。"

——选自《高祖本纪》

---

①雒阳：即洛阳。　　②无敢隐朕：不要瞒我。　　③情：真情，这里指心里话。　　④慢：傲慢无礼。　　⑤同：同享、共享。　　⑥害：忌妒，嫉恨。　　⑦所以：……的原因。以下几个"所以"都是这个意思。　　⑧运筹策帷帐之中：在军帐中出谋划策。筹策，古代计算数目时用的筹码，后用为"谋划"之义。　　⑨给（jǐ）馈饷：供应粮饷。　　⑩不绝粮道：不使我方的粮道被切断。⑪范增：项羽身边重要的谋士，被称为"亚父"，但后来逐渐失去项羽的信任。　　⑫为：被。

## 张良取履

　　"张良取履"是颇耐人寻味的故事。曾在博浪沙行刺秦始皇的张良本是个血气方刚的青年，而老父故意丢鞋到桥下，接着又两次责备张良迟到，最后才授以兵法，就是要让张良懂得成大事必须忍小忿而用智谋。

　　良①尝闲，从容步游下邳圯上②，有一老父③，衣褐④，至良所，直⑤堕其履圯下，顾⑥谓良曰："孺子，下取履！"良鄂然⑦，欲殴⑧之。为其老，强⑨忍，下取履。父曰："履我⑩！"良业⑪为取履，因长跪⑫履之。父以足受，笑而去。良殊大惊，随目之。父去里所⑬，复还，曰："孺子可教矣。后五日平明⑭，与我会此。"良因怪之，跪曰："诺。"五日平

　　①良：张良，以后成为刘邦战胜项羽建立汉朝的主要谋臣。　　②步游下邳（pī）圯（yí）上：在下邳的桥上散步游玩。下邳，地名，在江苏省邳县南。圯，桥，这是东楚的方言。　　③父（fǔ）：古代对老年男子的尊称。　　④衣（yì）褐（hè）：穿着粗布短衣。衣，穿，作动词。褐，粗布短衣，古代穷人的服饰。　　⑤直：故意，特意。　　⑥顾：回头。　　⑦鄂然：吃惊的样子。鄂，通"愕"。　　⑧殴：打。　　⑨强：勉强。　　⑩履我：帮我把鞋穿上。履，作动词，穿。　　⑪业：既已。　　⑫长跪：古人通常的坐姿是臀部直接坐在脚跟上，表示庄重严肃的态度时挺直上身，臀部离开脚跟，即"长跪"。　　⑬里所：一里来地。所，许，不定数词，表大概的数目。　　⑭平明：天刚亮。

明，良往。父已先在，怒曰："与老人期<sup>①</sup>，后，何也？"去<sup>②</sup>，曰："后五日早会。"五日鸡鸣，良往。父又先在，复怒曰："后，何也？"去，曰："后五日复早来。"五日，良夜未半往。有顷<sup>③</sup>，父亦来，喜曰："当如是<sup>④</sup>。"出一编书，曰："读此则为王者师矣，后十年兴。十三年孺子见我济北，谷城山<sup>⑤</sup>下黄石即我矣。"遂去，无他言，不复见。旦日视其书，乃《太公兵法》也。良因异<sup>⑥</sup>之，常习诵读之。

——选自《留侯世家》

## 管鲍之交

管仲博物馆的"管鲍之交"陈列厅里有一副对联："交友交心人生难得一知己，让金让相天下至纯二楷模。"很值得玩味。可以说没有鲍叔牙的大德，就没有管仲的千秋功业，所以司马迁说："天下不多管仲之贤而多鲍叔能知人也。"

---

①期：约定见面。　②去：离去，离开。　③有顷：一会儿。　④如是：像这样。　⑤谷城山：在山东东阿县东，又名"黄山"。　⑥异：对……感到惊奇。

管仲夷吾①者，颍上②人也。少时常与鲍叔牙游③，鲍叔知其贤。管仲贫困，常欺④鲍叔，鲍叔终善遇之，不以为言。已而鲍叔事齐公子小白，管仲事公子纠⑤。及小白立为桓公，公子纠死，管仲囚焉⑥。鲍叔遂进⑦管仲。管仲既用，任政于齐，齐桓公以霸⑧，九合⑨诸侯，一匡⑩天下，管仲之谋也。

　　管仲曰："吾始困时，尝与鲍叔贾⑪，分财利多自与，鲍叔不以我为贪，知我贫也。吾尝为鲍叔谋事而更穷困⑫，鲍叔不以我为愚，知时有利不利也。吾尝三⑬仕三见⑭逐于君，鲍叔不以我为不肖，知我不遭时也。吾尝三战三走，鲍叔不以我为怯，知我有老母也。公子纠败，召忽死之⑮，吾幽囚⑯受辱，鲍叔不以我为无耻，知我不羞⑰小节而耻功名不显于天下也。生我者父母，知我者鲍子也。"

——选自《管晏列传》

---

①管仲夷吾：姓管名夷吾，字仲。　②颍上：颍水边上。颍水发源于今河南省登封县，东南流，至今安徽省寿县西南入淮水。　③游：交游，来往。　④欺：此意为占便宜。指下文"分财利多自与"。　⑤"已而"二句：齐襄公立，政令无常，数欺大臣，又淫于妇人，诛杀屡不当，鲍叔担心齐国将大乱。为避难，管仲、召忽奉襄公弟公子纠出奔鲁国，鲍叔奉襄公弟公子小白出奔莒国。　⑥"及小白"三句：公元前686年襄公被杀。前685年，鲁国派兵保护公子纠赶回齐国争夺王位，先由管仲领兵扼守莒、齐要道，以防小白先行入齐争位。两相遭遇，管仲射中小白带钩。小白装死，使鲁国延误了公子纠的行程。小白率先入齐，立为桓公。桓公以军拒鲁，大败鲁军。鲁国被迫杀死公子纠，召忽自杀，管仲请囚。　⑦进：保举，推荐。　⑧霸：称霸。　⑨合：会盟。　⑩匡：匡正，纠正。　⑪贾：做买卖。　⑫穷困：困厄，窘迫。　⑬三：泛指多次。　⑭见：表示被动的标志词。　⑮死之：为公子纠而死。　⑯幽囚：被幽禁在牢里。　⑰羞：以……为羞耻，这是特殊的动宾关系意动用法。

# 鸡鸣狗盗

　　一般认为，孟尝君靠鸡鸣狗盗之士从秦国脱身，正见他养士得人。而王安石在《读〈孟尝君传〉》中却说："夫鸡鸣狗盗之出其门，此士之所以不至也。"意思是正因为孟尝君养的都是些鸡鸣狗盗之徒，所以真正的才智之士才不屑于到孟尝君门下。你怎么看待这个问题呢？

　　孟尝君在薛①，招致诸侯宾客及亡人②有罪者，皆归孟尝君。孟尝君舍业厚遇之③，以故倾④天下之士。食客⑤数千人，无贵贱一与文等⑥。孟尝君待客坐语，而屏风⑦后常有侍史⑧，主⑨记君所与客语，问亲戚居处⑩。客去，孟尝君已使使存问⑪，献遗⑫其亲戚。孟尝君曾待客夜食，有一人蔽火光⑬。客怒，以饭不等，辍⑭食辞去。孟尝君起，自持其饭比之。客惭，自刭⑮。士以此多归孟尝君。孟尝君客无所择⑯，皆善遇之。人人各自以为孟尝君亲己。

　　秦昭王⑰闻其贤，乃先使泾阳君⑱为质⑲于齐，以求见孟尝君。孟尝君将入秦，宾客莫欲其行，谏⑳，不听。苏代㉑谓曰："今旦代从外来，见木偶

---

①薛：孟尝君世袭封地所在，在今江苏省徐州市。　②亡人：逃亡的人。　③舍业厚遇之：舍弃家业厚待他们（门客）。　④倾：使……倾慕。　⑤食客：指投靠强宗贵族并为其服务以谋取衣食的人。　⑥一与文等：一律与田文相同。　⑦屏风：室内用来挡风和遮蔽视线的家具。　⑧侍史：古代为官员、贵族办理文书的侍从人。　⑨主：主持，掌管。　⑩居处：住所。　⑪使使存问：派遣使者慰问。前一"使"字，派遣；后一"使"字，使者。　⑫献遗（wèi）：恭敬地赠送。　⑬蔽火光：被灯光遮住。蔽，遮住，这里有被动的含义。　⑭辍：停止。　⑮刭：用刀割脖子。　⑯客无所择：对待食客没有什么挑拣、选择的。　⑰秦昭王：名则，秦惠文王之子，秦武王之弟，前306—前251年在位。　⑱泾阳君：名市（fú），昭王之弟，因其封地在泾阳（今陕西泾阳西北），故称"泾阳君"。　⑲质：人质，古代派往别国作抵押的人。　⑳谏：规劝。　㉑苏代：战国时纵横家，司马迁认为是苏秦之弟，事见《苏秦列传》，时为孟尝君门客。

人与土禺人①相与语。木禺人曰：'天雨②，子将败③
矣。'土禺人曰：'我生于土，败则归土。今天雨，流
子而行④，未知所止息也。'今秦，虎狼之国也，而
君欲往，如有不得还，君得无为土禺人所笑⑤乎？"
孟尝君乃止。

齐湣王二十五年⑥，复卒⑦使孟尝君入秦，昭王
即以孟尝君为秦相。人或说秦昭王曰："孟尝君贤，
而又齐族⑧也，今相秦，必先齐而后秦，秦其危矣。"
于是秦昭王乃止。囚孟尝君，谋欲杀之。孟尝君使
人抵昭王幸姬求解⑨。幸姬曰："妾愿得君狐白裘⑩。"
此时孟尝君有一狐白裘，直⑪千金，天下无双，入秦
献之昭王，更无他裘。孟尝君患之，遍问客，莫能
对。最下坐⑫有能为狗盗者⑬，曰："臣能得狐白裘。"
乃夜为狗，以入秦宫臧⑭中，取所献狐白裘至，以献
秦王幸姬。幸姬为言昭王，昭王释孟尝君。孟尝君
得出，即驰去，更封传⑮，变名姓以出关。夜半至函
谷关。秦昭王后悔出孟尝君，求之已去，即使人驰
传逐之⑯。孟尝君至关，关法⑰鸡鸣而出客，孟尝君

新编中华文化基础教材·第十一册

①木禺人与土禺人：木制的偶像和土制的偶像。禺，通"偶"。　②雨（yù）：这里活用为动词，
下雨。　③败：毁坏。　④流子而行：水流冲着你走。　⑤笑：嘲笑。　⑥齐湣王二十五
年：当为前299年。　⑦卒：终于。　⑧齐族：指田齐国君的同姓亲属。　⑨抵昭王幸姬求
解：向昭王的宠妃求救。抵，冒昧地求见。幸，宠幸，宠爱。解，解救。　⑩狐白裘：用狐腋下
的白色皮毛制成的皮衣。　⑪直：同"值"，价值。　⑫下坐：末席，末座，比喻地位低下。坐，
同"座"。　⑬狗盗者：指披着狗皮像狗一样偷盗的人，泛指盗贼。　⑭臧（zàng）：通"藏"，
贮藏财物的仓库。　⑮更（gēng）封传（zhuàn）：更改通行证上的名字。封传，古代官府所发的
出境或投宿驿站的凭证，犹今之通行证、护照。　⑯驰传（zhuàn）：驰赶传车疾行。传，驿车，
传达命令的马车。　⑰关法：关卡的制度。

恐追至，客之居下坐者有能为鸡鸣，而鸡齐鸣，遂发传①出。出如食顷②，秦追果至关，已后孟尝君出③，乃还。始孟尝君列此二人于宾客，宾客尽羞之，及孟尝君有秦难，卒此二人拔④之。自是之后，客皆服。

孟尝君过赵，赵平原君客之。赵人闻孟尝君贤，出观之，皆笑曰："始以薛公为魁然⑤也，今视之，乃眇⑥小丈夫耳。"孟尝君闻之，怒。客与俱者下⑦，斫⑧击杀数百人，遂灭一县以去。

——选自《孟尝君列传》

## 魏公子礼待侯生

明代散文家茅坤在《史记钞》中说："信陵君是太史公胸中得意人，故本传亦太史公得意文。"《魏公子列传》篇名直呼"公子"，而全篇之中称"公子"凡一百四十七次，通篇洋溢着太史公对信陵君的敬慕、赞叹和惋惜之情，诚所谓"无限唱叹，无限低徊"。

公子为人仁而下士⑨，士无贤不肖⑩皆谦而礼交之，不敢以⑪其富贵骄士。士以此方数千里争往归之，致食客三千人。当是时，诸侯以公子贤，多客，不敢加兵谋魏十余年。

……

①发传：出示封传。发，打开。　②食顷：吃一顿饭的时间，不一会儿。　③后孟尝君出：在孟尝君出关之后了。　④拔：拔除，解救。　⑤魁然：魁梧的样子。　⑥眇：渺小。　⑦下：指下车。　⑧斫（zhuó）：砍。　⑨"公子"一句：公子为人仁爱而礼待贤士。公子，即魏公子无忌，魏昭王小儿子，安釐王的异母弟弟，封为信陵君。下，降低自己身份与人交往。　⑩无贤不肖：无论有无才能。不肖，没有才能。　⑪以：因为。

魏有隐士曰侯嬴，年七十，家贫，为大梁夷门监者①。公子闻之，往请，欲厚遗②之。不肯受，曰："臣修身洁行数十年，终③不以监门困故而受公子财。"公子于是乃置酒大会宾客。坐定，公子从车骑，虚左④，自迎夷门侯生。侯生摄敝衣冠⑤，直上载公子上坐，不让，欲以观公子。公子执辔⑥愈恭。侯生又谓公子曰："臣有客在市屠中，愿枉⑦车骑过之。"公子引车入市，侯生下见其客朱亥，俾倪⑧故久立，与其客语，微⑨察公子。公子颜色愈和。当是时，魏将相宗室宾客⑩满堂，待公子举酒。市人皆观公子执辔。从骑皆窃骂侯生⑪。侯生视公子色终不变，乃谢⑫客就车。至家，公子引侯生坐上坐，遍赞宾客⑬，宾客皆惊。酒酣，公子起，为寿⑭侯生前。侯生因谓公子曰："今日嬴之为公子亦足矣。嬴乃夷门抱关者⑮也，而公子亲枉车骑，自迎嬴于众人广坐之中，不宜有所过⑯，今公子故过之。然嬴欲就公子之名，故⑰久立公子车骑市中，过客以观公子，公子愈恭。市人皆以嬴为小人，而以公子为长者⑱能下士也。"于是罢酒，侯生遂为上客。

——选自《魏公子列传》

①夷门监者：夷门的看门人。夷门，魏都大梁（今河南省开封市）的东门。　②厚遗（wèi）：重重馈赠。　③终：无论如何。　④虚左：空出左方的座位。当时乘车以左位为尊位。　⑤摄敝衣冠：整理破旧的衣服帽子。摄，整理。敝，破旧。　⑥执辔：握着驾车的马缰绳。　⑦枉：绕弯，绕远，谦词。　⑧俾倪：同"睥睨"，眼睛斜着看，用余光偷看人。　⑨微：暗暗地。　⑩将相宗室宾客：国家将相和王室宗亲这类身分的宾客。　⑪"从骑"一句：随从人员都暗地里骂侯生。从骑（jì），指随从人员。窃，私下，偷偷地。　⑫谢：辞别。　⑬遍赞宾客：为侯生一一介绍宾客。赞，告知。　⑭为寿：敬酒以祝健康长寿。　⑮抱关者：看门的人。关，门闩。　⑯有所过：有过分的表示。　⑰故：故意。　⑱长（zhǎng）者：君子，厚道人。

# 背水一战

　　公元前205年，刘邦兵败彭城后，与项羽正面相持于荥阳（今河南郑州）一带。为实现对项羽的侧面包抄，韩信奉命开辟北方战场，先破魏，俘魏王豹，后又破代，在阏（yù）与（今山西和顺）俘代相夏说（yuè）。于是引兵东出井陉击赵。

　　信与张耳以兵数万，欲东下井陉①击赵。赵王、成安君陈余闻汉且袭之也，聚兵井陉口，号称二十万。广武君李左车说成安君曰："闻汉将韩信涉西河②，虏魏王，禽夏说，新喋血③阏与，今乃辅以张耳，议欲下赵，此乘胜而去国远斗，其锋不可当。臣闻千里馈粮④，士有饥色；樵苏后爨，师不宿饱⑤。今井陉之道，车不得方轨⑥，骑不得成列，行数百里，其势粮食必在其后。愿足下假⑦臣奇兵三万人，从间道绝其辎重⑧；足下深沟高垒⑨，坚营勿与战。彼前不得斗，退不得还，吾奇兵绝其后，使野无所掠，不至十日，而两将之头可致于戏下⑩。愿君留意臣之计。否，必为二子所禽⑪矣。"成安君，儒者也，常称义兵不用诈谋奇计，曰："吾闻兵法十则围之，倍则战⑫。今韩信兵号数万，其实不

---

①井陉（xíng）：即井陉口，太行山的险隘之一，在今河北省井陉西北。　②涉西河：韩信破魏时，佯装在魏军重点布防的蒲阪准备渡船，实则另遣精兵从夏阳偷渡，一举破魏。西河，也称河西，即黄河以西地区。　③喋血：形容激战而流血很多。　④馈粮：运送军粮。　⑤樵苏后爨（cuàn），师不宿饱：意思是说临时打柴割草，烧火做饭，士兵们很难安饱。樵，砍柴。苏，割草。爨，烧火做饭。　⑥方轨：车辆并行。这里形容井陉道路狭窄，只能通过一辆车。　⑦假：借。　⑧从间道绝其辎重：从小路截断汉军的辎重。间道，隐蔽小道。辎重，指随军运载的军用器械、粮秣。　⑨深沟高垒：深挖战壕，加高营垒。　⑩戏（huī）下：主帅的旌旗之下。戏，通"麾"。　⑪禽：通"擒"，抓，俘虏。　⑫十则围之，倍则战：语出《孙子·谋攻》："故用兵之法，十则围之……倍则分之。"意思是说兵力十倍于敌人，就可以包围它，一倍于敌人，就可以和他对阵。

过数千。能千里而袭我，亦已罢①极。今如此避而不击，后有大者，何以加之！则诸侯谓吾怯，而轻来伐我。"不听广武君策，广武君策不用。

韩信使人间视②，知其不用，还报，则大喜，乃敢引兵遂下。未至井陉口三十里，止舍。夜半传发③，选轻骑二千人，人持一赤帜，从间道萆④山而望赵军，诫曰："赵见我走，必空壁逐我，若疾入赵壁⑤，拔赵帜，立汉赤帜。"令其裨将传飧⑥，曰："今日破赵会食！"诸将皆莫信，详⑦应曰："诺。"谓军吏曰："赵已先据便地为壁，且彼未见吾大将旗鼓，未肯击前行⑧，恐吾至阻险而还。"信乃使万人先行，出，背水陈⑨。赵军望见而大笑。平旦，信建大将之旗鼓⑩，鼓行⑪出井陉口，赵开壁击之，大战良久。于是信、张耳详弃鼓旗，走水上军。水上军开入之，复疾战。赵果空壁争汉鼓旗，逐韩信、张耳。韩信、张耳已入水上军，军皆殊死战，不可败。信所出奇兵二千骑，共候赵空壁逐利⑫，则驰入赵壁，皆拔赵旗，立汉赤帜二千。赵军已不胜，不能得信等，欲还归壁，壁皆汉赤帜，而大惊，以为汉皆已得赵王将矣，兵遂乱，遁走，赵将虽斩之，不能禁也。于

①罢：通"疲"。　②间视：暗中探听，窥伺。　③传发：传令出发。　④萆：通"蔽"，隐蔽。　⑤若疾入赵壁：你们迅速进入赵军营垒。若，你们。疾，迅速。　⑥令其裨（pí）将传飧（sūn）：命令他的副将传命士卒稍吃一点食物。裨将，偏将，副将。飧，同"飧（sūn）"，简单的饭菜。　⑦详（yáng）：通"佯"，假装。　⑧前行：先头部队。　⑨陈：同"阵"，打仗时的战斗队列。　⑩建大将之旗鼓：竖起将旗，架起战鼓。　⑪鼓行：擂鼓高歌而行，以吸引赵军出击。　⑫逐利：追夺战利品。

是汉兵夹击，大破虏赵军，斩成安君泜水<sup>①</sup>上，禽赵王歇。

信乃令军中毋杀广武君，有能生得者购<sup>②</sup>千金。于是有缚广武君而致戏下者，信乃解其缚，东乡<sup>③</sup>坐，西乡对，师事之<sup>④</sup>。

诸将效首虏<sup>⑤</sup>，毕贺，因问信曰："兵法右倍山陵，前左水泽<sup>⑥</sup>，今者将军令臣等反背水陈，曰破赵会食，臣等不服。然竟<sup>⑦</sup>以胜，此何术也？"信曰："此在兵法，顾<sup>⑧</sup>诸君不察耳。兵法不曰'陷之死地而后生，置之亡地而后存'<sup>⑨</sup>？且信非得素拊循士大夫<sup>⑩</sup>也，此所谓'驱市人而战之'，其势非置之死地，使人人自为战；今予之生地，皆走，宁尚可得而用之乎！"诸将皆服曰："善。非臣所及也。"

——选自《淮阴侯列传》

## 飞将军李广

唐朝诗人王昌龄诗云："但使龙城飞将在，不教胡马度阴山。"其中所说的"飞将"就是汉代抗击匈奴的名将——飞将军李广。下面这段选文记述的是李广与匈

---

①泜（chí）水：河名，源出河北省临成县西，在井陉东南近二百里。　②购：悬赏征求。　③乡：同"向"。东向，即坐西面，面朝东，为尊位。　④师事之：像侍奉老师一样地对待他。　⑤效首虏：献上首级和俘虏。效，呈献，贡献。　⑥以上二句语见《孙子·行军篇》："丘陵堤防，必处其阳面而背之。"意思是说，行军布阵应该右面和背后靠山，前面和左面临水。倍，背靠，背向。　⑦竟：最终，最后。　⑧顾：只是，但是。　⑨以上二句语出《孙子·九地篇》："投之亡地然后存，陷之死地然后生，夫众陷于害，然后能为胜败。"意思是说，把士兵置之死地，就没有其他选择，只有拼死战斗，死中求生而获胜。　⑩素拊（fǔ）循士大夫：训练有素的将士。素，一向，平素。拊循，抚慰，顺从。这里指受过训练，听从指挥。士大夫，这里指一般将士。

奴大军的一次遭遇，李广镇定从容、以进为退、以假乱真，既迷惑了敌人，又保全了自己，表现出非凡的胆略！

匈奴大入上郡①，天子使中贵人从广勒习兵击匈奴②。中贵人将骑数十纵③，见匈奴三人，与战。三人还射，伤中贵人，杀其骑且尽。中贵人走广。广曰："是必射雕者④也。"广乃遂从百骑往驰⑤三人。三人亡马步行⑥，行数十里。广令其骑张左右翼，而广身自射彼三人者，杀其二人，生得一人，果匈奴射雕者也。已缚之上马，望匈奴有数千骑，见广，以为诱骑⑦，皆惊，上山陈⑧。广之百骑皆大恐，欲驰还走。广曰："吾去大军数十里，今如此以百骑走⑨，匈奴追射我立尽。今我留，匈奴必以我为大军之诱，必不敢击我。"广令诸骑曰："前！"前未到匈奴陈二里所⑩，止，令曰："皆下马解鞍！"其骑曰："虏多且近，即有急⑪，奈何？"广曰："彼虏以我为走，今皆解鞍以示不走，用坚其意⑫。"于是胡骑遂不敢击。有白马将出护其兵⑬，李广上马与十余骑奔射杀胡白马将，而复还至其骑中，解鞍，令士皆纵马卧⑭。是时会暮⑮，胡兵终怪之⑯，不敢击。夜半

①上郡：西汉郡名，秦时即设置，治所在今陕西省榆林市。　②中贵人：宫中受宠的人，指宦官。勒：统率。　③将：率领。骑：骑兵。纵：放马驰骋。　④射雕者：射雕的能手。雕，猛禽，飞翔力极强而且迅猛，能射雕的人必有很高的射箭本领。　⑤驰：追逐。　⑥亡马步行：没有骑马，只是步行。亡，通"无"，丢失。　⑦诱骑：诱敌的骑兵。　⑧陈：同"阵"，摆开阵势。　⑨走：跑，逃走。　⑩所：表示大约的数目。"二里所"即二里左右。　⑪即有急：倘若敌人突然向我们杀来。即，倘若。　⑫坚其意：强化他们的判断。　⑬护其兵：整理部队的阵式。护，这里是安排、整顿的意思。　⑭纵马卧：把马放开，随意躺下。　⑮会暮：指到了傍晚时分。　⑯怪之：认为这件事情很奇怪。

时，胡兵亦以为汉有伏军于旁欲夜取之，胡皆引兵而去。平旦①，李广乃归其大军。大军不知广所之，故弗从②。

——选自《李将军列传》

## 荆轲刺秦王

司马迁为了表现荆轲的形象，运用了衬托的手法。以秦武阳的慌乱恐惧，反衬了荆轲的从容镇静、言语适度、机智勇敢，表现了荆轲非凡的胆略；以秦王的虚弱、惊恐来反衬荆轲的威武不屈、视死如归的形象。而荆轲的《易水歌》天地愁惨之状，水寒刺骨之感，衬托了赴死如归的诀别之情，千载之下，仍然让人感动。

太子及宾客知其事者，皆白衣冠以送之。至易水之上，既祖③，取道，高渐离击筑④，荆轲和而歌，为变徵之声⑤，士皆垂泪涕泣。又前而为歌曰："风萧萧兮易水寒，壮士一去兮不复还！"复为羽声⑥慷慨，士皆瞋目⑦，发尽上指冠⑧。于是荆轲就车而去，终已不顾。

遂至秦，持千金之资币物⑨，厚遗⑩秦王宠臣中庶子蒙嘉。嘉为先言于秦王曰："燕王诚振怖⑪大王

①平旦：清晨，天刚亮。　②"大军不知"两句：大部队不知道李广去了哪里，所以没有跟从出击。这里是暗指李广所率部队纪律严明。　③既祖：饯行之后。祖，古人出远门时祭祀路神的活动。这里指饯行的一种隆重仪式，即祭神后，在路上设宴为人送行。　④筑：一种有弦的打击乐器。　⑤为变徵（zhǐ）之声：发出变徵的音调。古代乐律，分宫、商、角、变徵、徵、羽、变宫七调，大体相当今西乐的C、D、E、F、G、A、B七调。变徵即F调，此调苍凉、凄惋，宜放悲声。⑥羽声：相当西乐A调。音调高亢，声音慷慨激昂。　⑦瞋目：瞪大眼睛。　⑧发尽上指冠：因怒而头发竖起，把帽子顶起来。此夸张说法。⑨千金之资币物：价值千金的礼物。币，古代用作礼物的丝织品，也泛指用作礼物的玉帛等物。　⑩遗（wèi）：馈赠。　⑪振怖：内心惊悸，害怕。怖，惊慌，害怕。

之威，不敢举兵以逆<sup>①</sup>军吏，愿举国为内臣，比<sup>②</sup>诸侯之列，给贡职<sup>③</sup>如郡县，而得奉守先王之宗庙<sup>④</sup>。恐惧不敢自陈，谨斩樊於期之头，及献燕督亢之地图<sup>⑤</sup>，函封<sup>⑥</sup>，燕王拜送于庭，使使<sup>⑦</sup>以闻大王，唯大王命之。"

秦王闻之，大喜，乃朝服，设九宾<sup>⑧</sup>，见燕使者咸阳宫。荆轲奉樊於期头函，而秦舞阳奉地图柙，以次进<sup>⑨</sup>。至陛<sup>⑩</sup>，秦舞阳色变<sup>⑪</sup>振恐，群臣怪之。荆轲顾<sup>⑫</sup>笑舞阳，前谢曰："北蕃蛮夷之鄙人，未尝见天子，故振慑。愿大王少假借<sup>⑬</sup>之，使得毕使于前。"秦王谓轲曰："取舞阳所持地图。"轲既取图奏之，秦王发图，图穷而匕首见<sup>⑭</sup>。因左手把秦王之袖，而右手持匕首揕<sup>⑮</sup>之。未至身，秦王惊，自引<sup>⑯</sup>而起，袖绝<sup>⑰</sup>。拔剑，剑长，操其室<sup>⑱</sup>。时惶急，剑坚，故不可立拔。荆轲逐秦王，秦王环柱而走。群臣皆愕，卒<sup>⑲</sup>起不意，尽失其度<sup>⑳</sup>。而秦法，群臣侍殿上者不得持尺寸之兵<sup>㉑</sup>；诸郎中执兵皆陈殿下，非有诏召不得上<sup>㉒</sup>。方急时，不及召下兵，以故荆轲乃逐秦王。而卒惶急，无以击轲，而以手共搏之。

①逆：迎战，抵抗。　②比：排列，比照。　③给（jǐ）贡职：供给贡物和赋税。　④宗庙：帝王或诸侯祭祀祖宗的地方。　⑤督亢之地图：有人认为督亢是燕国的地名；也有人认为督亢是从头到尾的意思，即燕国全国的地图。献地图表示投降秦国。　⑥函封：用盒子装。　⑦使使：派遣使者。　⑧九宾：外交上极其隆重的礼仪。　⑨以次进：按照次序进献。　⑩陛：阶梯。⑪色变：变了脸色。　⑫顾：回头看。　⑬假借：宽容。　⑭见：通"现"，这里指匕首露了出来。⑮揕（zhèn）：用刀剑刺。　⑯引：退避。　⑰绝：断。　⑱室：指剑鞘。　⑲卒：通"猝"，突然。　⑳度：常态。　㉑兵：兵器。　㉒这两句的意思是：那些持有兵器的侍卫都在殿下，按照秦国律令，没有秦王的命令不得上殿。

是时侍医夏无且①以其所奉药囊提②荆轲也。秦王方环柱走，卒惶急，不知所为，左右乃曰："王负③剑！"负剑，遂拔以击荆轲，断其左股④。荆轲废，乃引其匕以擿⑤秦王，不中，中铜柱。秦王复击轲，轲被八创⑥。轲自知事不就⑦，倚柱而笑，箕踞以骂⑧曰："事所以不成者，以欲生劫之，必得约契以报太子也⑨。"于是左右既前杀轲，秦王不怡⑩者良久。

——选自《刺客列传》

武梁祠荆轲刺秦王画像

①且：音jū。　②提（dǐ）：打，投掷。　③负：背负。这里是说秦王的剑身较长，一时难以拔出，将其放到背后背着，便于拔出。　④股：大腿。　⑤擿（zhì）：同"掷"，投掷。　⑥被八创（chuāng）：（身上）八处受伤。被，遭受。创，创伤。　⑦就：成就。　⑧箕踞以骂：岔开腿坐着骂。箕踞，两脚张开，蹲坐于地，如同簸箕。以示轻蔑对方。以，表修饰的连词。　⑨这三句的意思是：我失败是因为想挟持秦王，使其亲自写下契约然后回报燕太子丹。　⑩不怡：不快。

# 文史知识

## 一、《史记》五体

《史记》以"本纪""表""书""世家""列传"结构全书，创立了贯穿古今和社会生活各个方面的通史体例。此后的正史全部继承和发展了这种体例。

1. "本纪"从今天看就是帝王的大事记，因为帝王是统理国家大事的最高首脑。太史公自己阐释本纪的写作目的时说："王迹所兴，原始察终，见盛观衰。"意思是，要通过探求一个朝代兴衰的始末及其原因来总结得失。也就是说，与其说本纪突出的是君王本身，不如说是为了关照整个时代，因此本纪是采用编年体方法记事。西楚霸王项羽虽非帝王，但秦汉之际那几年是"政由羽出"，加上司马迁又非常敬仰他，所以也为项羽写了《项羽本纪》。

2. "表"的写作目的，据太史公自述为"并时异世，年差不明"，也就是说，在统一前，虽然同处一个时间轴，却因为各自为政而产生年代、世系记录的差异，如果不放在一张统一的表格中进行比照，我们将对许多历史事件缺乏时间观念。这是处理共时事件的一种好方法。

3. "书"是记载历代朝章国典，以明古今制度沿革的专章。太史公对此说道："礼乐损益，律历改易，兵权山川鬼神，天人之际，承敝变通。"也就是说，随着人类历史发展变化，政治、文化、天文历法、祭祀等各方面制度都在发生变化，新制度补充旧制度的缺失与不足。这说明在保存有价值文献的同时，他还认为制度的发展是客观需要。班固的《汉书》改称"志"，成为通例，历代又扩充了不少领域的内容，使之成为史书中的专题史。

4. "世家"是记载诸侯王国之事的。这是因为诸侯开国承家，子孙世袭，所以给他们写的传记叫做世家。太史公认为，诸侯就是辅佐保护君王的，就如同众星围绕北极星运转一样。从西周封建开始，发展到春秋战国，各诸侯国林立，用"世家"体裁记述这一情况，是非常妥当的。而西汉初期认为秦迅速灭亡在于未行封建，于是分封了部分诸侯国，因此也出现了《留侯世家》这样的篇目。

5. "列传"是记载帝王、诸侯以外的各种历史人物的。有单传，有合传，有类传。单传是一人一传，如《商君列传》《李将军列传》等。合传是记二人以上的，如《老子韩非列传》《屈原贾生列传》等。类传是以类相从，把同一类人物的活动，归到一个传内，如《刺客列传》《儒林列传》等。太史公提出，写入列传的人，都是"立功名于天下"者。这说明，他在有限的篇幅里要记录的是他认为对历史发展起到关键作用因而最值得记录的那些人。一个优秀的历史学家，具有自觉的承继文明的意识。司马迁在列传第一篇《伯夷列传》中就提出历史书写中何人可以流传何人将不幸被遗忘的问题，他有些悲壮地指出，人物是否为历史记住取决于权力的选择。因此，他似乎有些有意对抗权力一般地把项羽、李广以及那些刺客、游侠、日者（即算命之人）等原本几乎肯定会湮没于历史之中的对象写入书中，使他们的生命得以永恒延续。从这一点上来说，《史记》及其作者真是值得我们敬仰甚至膜拜了。

## 二、互见法

"互见法"是《史记》选取、安排材料来刻画人物的重要手法。《史记》比较注重维护人物形象的统一性，为了既不伤害这种统一性，又能忠于史实，所以往往在一个人的本传中描述这个人物的主要经历和性格，而一些不宜写入本传的材料则到别人的传记中穿插补充。这就是苏洵所说的"本传晦之，而他传发之"的互见法。

例如汉文帝素有"仁德"之君的美誉，《孝文帝本纪》中记述了汉文帝废三族法、除肉刑、尚节俭等德政表现，而在其他传记中，我们却也看到了这位仁德之君的其他侧面。比如《张释之列传》中记载有人在文帝车驾过渭桥时惊了文帝的马，廷尉张释之依法处以罚金，文帝却大为不满，意欲置之死地，颇可见其性格之另一侧面。又如《佞幸列传》写了汉文帝对宦官邓通的宠幸，这位号称节俭的皇帝在赏赐邓通时却是"巨万以十数"，还特许邓通自己铸钱，以致"'邓氏钱'布天下"。

## 思考与练习

一　在下列空线上填写名句的空缺部分。

1. ＿＿＿＿＿＿＿＿＿＿＿＿，时不利兮骓不逝。

2. ＿＿＿＿＿＿＿＿＿＿＿＿，得地而不予人利，此所以失天下也。

3. ＿＿＿＿＿＿＿＿＿＿＿＿，决胜于千里之外，吾不如子房。

4. 连百万之军，＿＿＿＿＿＿＿＿＿＿＿＿，吾不如韩信。

5. 齐桓公以霸，＿＿＿＿＿＿＿＿＿＿，＿＿＿＿＿＿＿＿，管仲之谋也。

6. ＿＿＿＿＿＿＿＿＿＿，衣食足则知荣辱。

7. 其为政也，＿＿＿＿＿＿＿＿＿＿＿，转败而为功。

8. 桃李不言，＿＿＿＿＿＿＿＿＿＿＿。

9. 项庄舞剑，＿＿＿＿＿＿＿＿＿＿＿。

10. 不鸣则已，＿＿＿＿＿＿＿＿＿＿＿。

二　搜集出自于《史记》的成语20则。

三　你知道根据《史记》内容改编的戏剧有哪些？

四　举办"我最喜爱的《史记》人物"的主题演讲活动。